中国社会科学院国情调研特大项目"精准扶贫精准脱贫百村调研"

精准扶贫精准脱贫百村调研丛书

CASE STUDIES OF TARGETED POVERTY REDUCTION AND
ALLEVIATION IN 100 VILLAGES

李培林／主编

精准扶贫精准脱贫
百村调研·龙岗村卷

"产业超市"模式下的大石山区扶贫实践

马翠萍／著

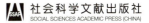

社会科学文献出版社

SOCIAL SCIENCES ACADEMIC PRESS (CHINA)

中国社会科学院国情调研特大项目
"精准扶贫精准脱贫百村调研"
项目协调办公室

主　任：王子豪
成　员：檀学文　刁鹏飞　闫　珺　田　甜　曲海燕

总　序

　　调查研究是党的优良传统和作风。在党中央领导下，中国社会科学院一贯秉持理论联系实际的学风，并具有开展国情调研的深厚传统。1988 年，中国社会科学院与全国社会科学界一起开展了百县市经济社会调查，并被列为"七五"和"八五"国家哲学社会科学重点课题，出版了《中国国情丛书——百县市经济社会调查》。1998 年，国情调研视野从中观走向微观，由国家社科基金批准百村经济社会调查"九五"重点项目，出版了《中国国情丛书——百村经济社会调查》。2006 年，中国社会科学院全面启动国情调研工作，先后组织实施了 1000 余项国情调研项目，与地方合作设立院级国情调研基地 12 个、所级国情调研基地 59 个。国情调研很好地践行了理论联系实际、实践是检验真理的唯一标准的马克思主义认识论和学风，为发挥中国社会科学院思想库和智囊团作用做出了重要贡献。

党的十八大以来，在全面建成小康社会目标指引下，中央提出了到 2020 年实现我国现行标准下农村贫困人口脱贫、贫困县全部"摘帽"、解决区域性整体贫困的脱贫攻坚目标。中国的减贫成就举世瞩目，如此宏大的脱贫目标世所罕见。到 2020 年实现全面精准脱贫是党的十九大提出的三大攻坚战之一，是重大的社会目标和政治任务，中国的贫困地区在此期间也将发生翻天覆地的变化，而变化的过程注定不会一帆风顺或云淡风轻。记录这个伟大的过程，总结解决这个世界性难题的经验，为完成这个攻坚战献计献策，是社会科学工作者应有的责任担当。

2016 年，中国社会科学院根据中央做出的"打赢脱贫攻坚战"战略部署，决定设立"精准扶贫精准脱贫百村调研"国情调研特大项目，集中优势人力、物力，以精准扶贫为主题，集中两年时间，开展贫困村百村调研。"精准扶贫精准脱贫百村调研"是中国社会科学院国情调研重大工程，有统一的样本村选择标准和广泛的地域分布，有明确的调研目标和统一的调研进度安排。调研的 104 个样本村，西部、中部和东部地区的比例分别为 57%、27% 和 16%，对民族地区、边境地区、片区、深度贫困地区都有专门的考虑，有望对全国贫困村有基本的代表性，对当前中国农村贫困状况和减贫、发展状况有一个横断面式的全景展示。

在以习近平同志为核心的党中央坚强领导下，党的十八大以来的中国特色社会主义实践引导中国进入中国特色社会主义新时代，我国经济社会格局正在发生深刻变化，脱贫攻坚行动顺利推进，每年实现贫困人口脱贫 1000 多万人，贫困人口从 2012 年的 9899 万人减少到 2017 年的 3046 万人，在较短时间内实现了贫困村面貌的巨大改观。中国社会科学院组建了一百支调研团队，动员了不少于 500 名科研人员的调研队伍，付出了不少于 3000 个工作日，用脚步、笔尖和镜头记录了百余个贫困村在近年来发生的巨大变化。

根据规划，每个贫困村子课题组不仅要为总课题组提供数据，还要撰写和出版村庄调研报告，这就是呈现在读者面前的"精准扶贫精准脱贫百村调研丛书"。为了达到了解国情的基本目的，总课题组拟定了调研提纲和问卷，要求各村调研都要执行基本的"规定动作"和因村而异的"自选动作",了解和写出每个村的特色,写出脱贫路上的风采以及荆棘!对每部报告我们都组织了专家评审,由作者根据修改意见进行修改,直到达到出版要求。我们希望,这套丛书的出版能为脱贫攻坚大业写下浓重的一笔。

中共十九大的胜利召开,确立习近平新时代中国特色社会主义思想作为各项工作的指导思想,宣告中国特色社会主义进入新时代,中央做出了社会主要矛盾转化的重大判断。从现在起到2020年,既是全面建成小康社会的决胜期,也是迈向第二个百年奋斗目标的历史交会期。在此期间,国家强调坚决打好防范化解重大风险、精准脱贫、污染防治三大攻坚战。2018年春节前夕,习近平总书记到深度贫困的四川凉山地区考察,就打好精准脱贫攻坚战提出八条要求,并通过脱贫攻坚三年行动计划加以推进。与此同时,为应对我国乡村发展不平衡不充分尤其突出的问题,国家适时启动了乡村振兴战略,要求到2020年乡村振兴取得重要进展,做好实施乡村振兴战略与打好精准脱贫攻坚战的有机衔接。通过调研,我们也发现,很多地方已经在实际工作中将脱贫攻坚与美丽乡村建设、城乡发展一体化结合在一起开展。可以预见，贫困地区的脱贫攻坚将不再只局限于贫困户脱贫，我们有充分的信心从贫困村发展看到乡村振兴的曙光和未来。

是为序！

全国人民代表大会社会建设委员会副主任委员

中国社会科学院副院长、学部委员

2018 年 10 月

前　言

　　本书是中国社会科学院国情调研特大项目"精准扶贫精准脱贫百村调研"的阶段性成果之一。本人承担的子课题"广西大石山区精准扶贫调查——马山县龙岗村扶贫实践"于 2017 年初立项，2017 年 5 月组织课题组赴龙岗村调研，通过入户问卷、农户访谈、实地走访、与政府部门座谈，获得了丰富的一手资料，于 2017 年 12 月完成初稿。2018 年初经专家评审后，笔者对初稿进行了修改和完善。在此期间，龙岗村精准扶贫工作突飞猛进，为了更好地将龙岗村扶贫经验和扶贫中遇到的问题呈现给读者，本书尽可能将数据更新到近期。

　　广西是深度贫困地区，是全国脱贫攻坚的主战场之一，现有 20 个深度贫困县、30 个深度贫困乡镇和 1490 个深度贫困村，脱贫攻坚具有贫困面广、贫困人口多、贫困程度深的特点。截至 2018 年底广西仍有建档立卡贫困人口 151 万、深度贫困县 20 个，脱贫攻坚的任务还很艰巨。龙岗村是广西典型的大石山区，自然环境恶劣，生存条件艰苦，2015 年底龙岗村贫困发生率 44.25%。近年来，龙岗村全面贯彻自治区精准扶贫、精准脱贫基本方略，按照"核心是精准、关键在落实、确保可持续"的要求，聚力推进"七个一批"精准扶贫措施，通过培育扶贫产业，发展生产脱贫一批；健全公共就业服务体系，转移就业脱贫一批；有序推进扶贫移民，移民搬迁脱贫一批；加大贫困地区生态保护修复力度，生态补偿脱贫一批；深入实施教育精准扶贫，发展教育脱贫一批；完善医疗卫生服务，医疗救助脱贫一批；落实最低生活保障，社会保障兜底脱贫一批，形成了集教育扶贫、医疗扶贫、转移就业扶贫、产业扶贫、社会救助扶贫等于一体的扶贫格局。

龙岗村脱贫攻坚制定了"三种（种牧草、种旱藕、种桑树）三养（养牛、养猪、养蚕）一车间（扶贫车间）"的"产业超市"发展思路，在全国首创集"扶贫车间、扶志超市、扶智课堂"于一体的"三扶"综合中心，有效激发了贫困群众的积极性和主动性。2018 年底龙岗村贫困发生率降至 15.32%，2019 年更是降至 0.67%，被列为 2019 年预脱贫摘帽村。这为其他大石山区、深度贫困地区提供了样本经验。同时，龙岗村在脱贫道路上也走了一些弯路，遇到了这样或那样的问题，这些问题也应当引起其他地区扶贫工作的注意。本书通过回顾龙岗村历史沿革，呈现龙岗村贫困现状，在详细阐释龙岗村精准扶贫的工作机制基础上，梳理了龙岗村扶贫的主要举措并对扶贫效果进行了评价，然后指出了龙岗村扶贫工作面临的问题，最后对大石山区扶贫工作提出了应注意的若干问题和实施精准扶贫的政策建议。

目 录

第一章

龙岗村的历史沿革及现状

第一节　龙岗村的历史沿革

　　龙岗村隶属于马山县加方乡，[①]是加方乡最贫苦的行政村之一。[②]马山县是广西壮族自治区省会南宁市下辖区县之一，2002 年被列为全国扶贫开发重点县，是广西 24 个国家扶贫开发工作重点县之一。境内地形以山区丘陵为主，大石山区土地面积 13.20 万

[①]　加方乡有加乐、民治、龙开、加春、大陆、龙岗、忠党、内双、内金、福兰、加让、琴让、花衣、新联、局仲、龙头合计 16 个村，1个社区（加方社区），443 个自然屯。

[②]　截至 2016 年加方乡建档立卡贫困户有 2425 户。

公顷，占全县土地总面积的 56.30%。截至 2018 年底，马山县辖 7 镇、4 乡，151 个行政村（社区）①、2298 个自然屯，总人口 56.86 万人，乡村人口 46.38 万人。马山县是一个多民族聚居的地方，居住有壮、汉、瑶、苗、仫佬、毛南、水、彝、白、黎、土家等 11 个民族（其中壮、汉、瑶为世居民族），其中壮族人口占总人口的 74.60%。② 世居马山的壮、汉、瑶 3 个民族均有自己的语言，本族交谈以母语为主。

加方乡行政区域总面积 213 平方公里，属典型的喀斯特地貌，石山面积达 27.06 万亩，耕地面积 2.43 万亩（其中水田 1815 亩，旱地 22550 亩），人均耕地面积 0.79 亩。全乡 17 个行政村（社区）、443 个自然屯，总人口 3 万人，其中贫困村 15 个（5 个深度贫困村）。2016~2018 年全乡完成 5 个村脱贫摘帽，共脱贫 1713 户 6358 人，贫困发生率降为 7.1%。2019 年加方乡夯实全乡脱贫攻坚工作，8 个贫困村（民治村、龙岗村、大陆村、加春村、福兰村、龙头村、加方社区、内金村）完成脱贫摘帽，贫困发生率降为 1.15%。

---

① 其中 75 个是"十三五"贫困村，9.4 万人为贫困人口，接近南宁市的 1/4，且近 60% 的贫困人口分散居住在大石山区，耕地资源少，村民收入来源单一。

② 2014 年底数据。

龙岗村位于马山县加方乡以北，被群山环绕，总面积14.76平方公里，村部距离乡政府约11公里，距离县城约55公里，东与大陆村拉椅屯相连，西与古寨乡古今村琴甘相接，南与加让村独山屯相连，北与忠党村下仁屯同界，全村呈南北走向长椭圆形排布，山势蜿蜒起伏，连绵不断，村民就在高山峡谷中生活。龙岗村是典型的大石山区，以喀斯特地貌为主，地势起伏大，耕地面积1361亩，人均耕地面积0.75亩，可利用的土地资源主要为山沟之间的小面积平地。

　　龙岗村属于暖温带大陆性气候，春暖夏热、秋凉冬寒，全年气温在15摄氏度左右，春季低温，秋季霜冻。适宜种植旱熟植物，现主要种有玉米、红薯、花生、木薯等。村内山峦起伏，连绵不断，山上有古楝树、椿树，山上除生长有各种灌木外，其余是云香竹、大竹、刺竹。全村山林面积覆盖率在80%以上。

　　据村史资料记载，龙岗村以李、韦、蓝、陆、王、吴、许等姓氏居多，而村所在地蓝氏最先迁入，已有12代360年之久。据了解，蓝氏尚仁公住在上林三冬，由于家庭人口多，土地很少，该公游玩到此地，看这里地平整，虽长满灌木杂草，却易耕作。该公来后，开防火道用火焚烧，锄头开凿除此地，又有提念、甘龙逢大雨，水量不少便筑坝积水，引入田间种地，土地肥沃，年年丰收，家庭富足。他们生儿育女，繁衍后代，人口大增，现在大多在乔利、古咸一带。20世纪40年代，琴垌陆家迁入，购买了蓝氏田地，蓝氏从此削弱下来。20世纪40年代初，地平的韦文吉、琴垌的陆云武、古龙的蓝茂兴、甘堂的段玉祥，在龙岗设立圩市（设在现在的龙岗小学）开办学校，学校取名为"龙岗学校"，有"一举成名登虎榜、半年身到凤凰池"的意思。学校还吸收忠党、内双、加善、古今等外地15~20周岁的"儿童"；圩市取名为"凤凰"圩，主要销售布匹、食盐等。由于生意不旺，圩市不到三个月后不复存在，只有学校保留至今。

20世纪40年代中期，龙岗村是加方乡马山县革命老区之一。新中国成立以后，村辖区范围有加善的拉江、拉根，古今的琴甘、拉者、琴盆等15个屯。1951年，在广西壮族自治区土改工作组的组织下，进行了土地改革，1953年开始，在国家的号召下，逐步完成农业工业化，1955年实行了农业合作化。几个村民小组在房屋比较宽敞的地方集中开饭，集体搞农活，以日记分值。1958年成立了人民公社，龙岗分为三个大队，分别为排献大队、龙岗大队、拉湾大队。

龙岗村隶属加方人民龙岗大队，这样一直到 1965 年。此后，古今、加善的原有村屯归当地管辖，粮库不复存在，大队称号仍保持到 1980 年。1981 年，土地承包到户后，公社变为乡，大队划为村，村划为村民小组，小组推选一名小组长负责。

第二节 龙岗村的现状

截至 2019 年，龙岗村可耕地面积 1361 亩，且全是旱地，耕地呈现割裂、破碎状态，分布在石山或石缝隙中，人均耕地面积 0.75 亩，现代化农械设备利用率较低。囿于自然条件，长期以来，龙岗村村民以种植玉米为生，玉米单产在 400 公斤 / 亩。[①]主要经济作物为桑蚕、砂糖橘、金银花，养殖业以饲养山羊为主，村民主要经济来源为劳务输出及种植玉米。由于缺地、缺水，生产资源和就业渠道极其匮乏。龙岗村曾经是远近闻名的深度贫困村，将近一半的村民是贫困人口，村里的单身汉想娶个老

① 耕作起止月份为当年的 2~7 月。

婆都是难事，年轻人只能远走他乡谋生活，剩下老弱病残在村里，加上当地群众文化水平偏低、思想较封闭落后等主客观因素，脱贫攻坚难度较大。"看天吃饭，靠天喝水"是对龙岗村自然条件恶劣、资源极度匮乏的真实写照，石山的地表难以储存水分，导致各村都会出现不同程度的季节性缺水情况。

2019 年，全村有 30 个自然屯，[①]540 户 1749 人，全村主要民族为壮、汉、瑶族，少数民族有 280 户 1401 人。[②] 其中人口规模超过 100 人的有两个屯，分别是 148 人的拉友屯和 116 人的岑垌屯。人数在 50~100 人的有 15 个自然屯，其人口总数占龙岗村总人口的 59%，人数在 50 人以下的自然屯有 13 个，人口最少的自然屯是加边屯。

龙岗村现设有党支部 1 个，党员 31 名（含第一书记），其中 50 岁以上党员 10 人，高中及以上文化程度党员 7 人。村支部支委会 3 人，村民委员会 4 人，村"两委"交叉任职人数 4 人，村民代表 30 人，村"两

---

① 30 个屯：岑朝屯、岑垌屯、地旁屯、地平屯、甘崩屯、古龙屯、黑垌屯、加边屯、江旁屯、拉朝屯、拉刮屯、拉麻屯、拉湾屯、拉友屯、龙来屯、排果屯、排后屯、排里屯、排连屯、排献屯、琴升屯、群二屯、群一屯、上联屯、上那屯、上元屯、提念屯、下联屯、下那屯、下元屯。

② 截至 2016 年底数据。

委"成员 5 人。龙岗村委会位于古龙屯。[①] 龙岗村先后有两任驻村第一书记，现任第一书记为陆治江同志。[②]

图1-1　2016年龙岗新建的村委大楼

（笔者拍摄，2017年5月）

交通基础设施方面，龙岗村通村道路主要为水泥路，通村道路路面宽 4.5 米，通村道路长 11 公里。其中未硬化路段长 6 公里。村内通组道路长 17 公里，未硬化路段长 6 公里。9 个屯虽已通砂石路但尚未硬

① 截至 2016 年底古龙屯有 19 户，总人口 73 人，在 30 个自然屯中，属于人口规模第六大。
② 第一任驻村第一书记是来自南宁市民政局的蓝勇平，现任驻村第一书记为来自南宁市公安局青秀分局的副局长陆治江。在《关于通报表扬全区脱贫攻坚好支书、脱贫攻坚好党员、脱贫攻坚优秀第一书记的决定》（桂组发〔2019〕16 号）中，龙岗村第一书记陆治江同志荣获"全区脱贫攻坚优秀第一书记"。

化，7个屯尚未通砂石路（其中20户以上不通路的有两个，分别为地平屯和排献屯），整村道路通路率仅为76.67%。2016年龙岗村的地平屯就是一个例子，由于村民住房比较分散，部分道路没有修通，农户进出货物靠肩挑背扛，出行困难，这对他们的生活造成了极大的不便。

公共卫生设施方面，村内设有垃圾池1个，没有垃圾箱，集中处置垃圾所占比例为3%。用户沼气池26个。全村有卫生室1个（新装修待使用，因此没有药品存储）、药店1个、医生1名（有行医资格证书），村内没有接生人员，也没有敬老院。村内未建公共娱乐场所，健身器材短缺，设施未完善。村里没有小学，但有临时教学点1个。学生30名，代课教师1名，没有学生食堂，学生课桌及游玩设备严重短缺。就读于该教学点的学生，二年级学生2名，一年级学生2名，其余均为学前班的学生。三年级以上的学生只能在乡里的中心小学上学。教学点的学生绝大部分为留守儿童，家庭条件十分困难。每天孩子们需要爷爷奶奶接送，中午11点半、下午3点在学校用餐两次，中午在校午睡。

第二章

龙岗村贫困现状及原因

广西是全国脱贫攻坚的主战场之一，截至2019年5月底有20个深度贫困县、30个深度贫困乡镇和1490个深度贫困村，脱贫攻坚呈现贫困面广、贫困人口多、贫困程度深的特点，龙岗村便是广西深度贫困村的典型代表。

第一节　贫困户识别标准及程序

　　2015年国务院通报了广西壮族自治区马山县

"有3000多名扶贫对象是'富人',2014年近9%的脱贫人数属虚报"等问题。为此,广西壮族自治区党委、政府表态坚决整改马山县违规认定扶贫对象问题,决定用两个月时间,自下而上集中开展精准识别工作,把全区538万贫困人口精准识别到村、到户、到人。农户收入难统计、难衡量、难分贫富,精准识别贫困户以收入论贫富路难走通,必须另辟蹊径。经过反复探索、修改、试点演练,结合广西壮族自治区实际和群众意见,最终采取"一进二看三算四比五议"的方法识别贫困户。

一进:工作队员入户与户主及其他家庭成员进行交流,了解生活质量状况、子女读书情况、家庭成员健康状况等。二看:看住房、家电、农机、交通工具、水电路等生产生活设施,看农田、山林、种养等发展基础和状况。三算:算农户收入、支出、债务等情况。四比:与本村(屯)农户比住房、比收入、比资产、比外出务工等情况。五议:议评分是否合理,是否漏户,是否弄虚作假,是否拆户、分户、空挂户,家庭人口是否真实等情况。严格按这套办法识别,就不会再出现"富人当选、穷人落榜"。

相对于 2014 年，此次识别的指标更加细化。因病、因残、缺资金……致贫原因一目了然；想养牛、想种树、想学技术……脱贫诉求简单直观。

贫困户识别程序，按照自治区扶贫办的统一要求，经宣传培训，组织精准识别工作队进村入户采用广西统一的精准识别标准评分，严格按照自治区"一进二看三算四比五议"的识别程序开展识别工作，识别过程做到严把"三关"，一是严把入户评分关，防止走过场；二是严把评议公示关，防止瞒报漏报；三是严把财产检索关，防止富人成为贫困户，确保工作流程的规范性和公正性。

贫困户的识别做到镇不漏村、村不漏屯、屯不漏户，实现精准识别全覆盖。全县将识别总分数为 72 分及以下的农户确定为贫困户，并实行动态监测管理。有下列情形之一者，原则上在精准识别贫困户评议中采取一票否决：①有两层以上（含两层）砖混结构且精装修住房或两层纯木结构住房且人均居住面积在 50 平方米以上（含 50 平方米）的农户；②在闹市区，或集镇，或城市买有住房（含自建房）、商铺、地皮等房地产的农户（移民搬迁的除外）；③家庭成员（包括同户父母、子女）有经营公司或其他经济实体（如饭店、宾馆、超市、农家乐、工厂、药店、诊所等）的农户；④现有价值在 3 万元以上（含 3 万元），且能正常使用的农用拖拉机、大型收割机、面包车、轿车、越野车、卡车、重型货车、船舶等之一的农户；⑤家庭成员有 1 人以上（含 1 人）在国家机关、事业单位工作且有正式编制（含离退休干部职工）的农户，或 1 人以上（含 1 人）在国有企业和大型民营企业工作相对稳定的农户；⑥全家外出务工三年以上，且家中长期无人回来居住的农户；⑦家庭成员具有健康劳动能力和一定生产资料，又无正当理由不愿从事劳动的，且明显有吸毒、赌博、好吃懒做等不良习性导致生活困难的农户；⑧为了成为贫困户，把户口迁入农村，但实际不在落户地生产生活的空挂户，或明显为争当贫困户而进行拆户、分户的农户。

在此基础上，坚持贫困人口动态管理。各乡镇及时开展建档立卡贫困户"回头看"活动，继续查缺补漏，开展地毯式、拉网式全面普查，把精准扶贫对象、致贫原因和扶贫措施搞准搞实，做到"户有卡、村有册、乡有簿、县有信息平台"，为实施精准扶贫管理奠定坚实基础，千方百计提高精准识别准确率。

第二节　龙岗村的贫困情况

一　龙岗村的整体贫困情况

按自治区统一精准识别打分标准，精准识别72分及以下的农户被确定为贫困户。按此标准，龙岗村2015年建档立卡贫困户227户、贫困人口774人，贫困户识别平均分为55.4分，贫困发生率高达44.3%，远高于同期马山县贫困发生率16.76%的水平，是加方乡贫困人口第三多的村（仅次于忠党村、加方社区），被自治区确定为精准帮扶的贫困村和"十三五"深度贫困村（见表2-1至表2-3）。2016年龙岗村贫困发生率降至30.82%，全村人均收入3230元，村民收入在温饱线上，但贫困发生率还是显著高于同期马山县贫困发生率11.61%的水平。截至2017年3月，全村仍有112户村民无房居住或居住在危房。此外，村集体经济薄弱。

表2-1 2015年龙岗村贫困情况一览（截至2015年4月）

序号	自然屯	农户数（户）	总人口（人）	贫困户（户）	贫困人口（人）	贫困发生率（%）
1	甘崩屯	6	14	6	14	100.0
2	排里屯	14	46	12	40	87.0
3	加边屯	4	12	3	10	83.3
4	上联屯	8	33	6	25	75.8
5	排献屯	22	64	16	46	71.9
6	下那屯	13	43	9	29	67.4
7	排后屯	13	51	9	34	66.7
8	排果屯	20	61	13	38	62.3
9	下联屯	11	45	6	26	57.8
10	龙来屯	16	79	8	44	55.7
11	上那屯	8	28	4	15	53.6
12	拉刮屯	12	40	7	20	50.0
13	岑朝屯	20	63	11	31	49.2
14	岑峒屯	32	116	17	55	47.4
15	提念屯	15	51	7	24	47.1
16	排连屯	15	57	9	26	45.6
17	群一屯	17	67	9	30	44.8
18	地平屯	23	74	10	33	44.6
19	地旁屯	16	53	7	23	43.4
20	拉朝屯	18	67	7	28	41.8
21	江旁屯	11	39	4	16	41.0
22	拉友屯	34	148	15	58	39.2
23	黑峒屯	4	13	2	5	38.5
24	群二屯	18	95	8	32	33.7
25	琴升屯	8	30	3	10	33.3
26	古龙屯	19	73	6	24	32.9
27	拉麻屯	14	42	5	12	28.6
28	拉湾屯	17	63	3	13	20.6
29	上元屯	7	28	1	5	17.9
30	下元屯	16	56	4	9	16.1
合计		451	1651	227	775	—

资料来源：精准扶贫精准脱贫百村调研龙岗村调研。

说明：本书图表，除特殊标注外，均来自龙岗村调研。

表2-2　2015年龙岗村贫困发生率情况一览

单位：个

项目	30%以下	30%~50%（含30%）	50%以上（含50%）
自然屯数	4	14	12

表2-3　2015年龙岗村贫困情况一览

单位：个，%

项目	10户及以上贫困户	10户以下贫困户
自然屯数	7	23
占比	23.3	76.7

从统计数据来看，2015年龙岗村贫困户分布最多的自然屯是岑峒屯，32户农户中17户为贫困户，贫困发生率为47.4%，但贫困发生率最高的是甘崩屯，6户总人口14人均为贫困人口，贫困发生率高达100%。到了2019年，龙岗村建档立卡贫困户75户，贫困人口231人（其中低保贫困52人、特困供养贫困1人、一般贫困178人），广泛分布在23个屯，其中贫困人口最多的是岑朝屯和拉友屯（见表2-4）。

表2-4　2019年龙岗村建档立卡贫困户分布

单位：户，人

屯名	贫困户数	人口数
岑朝屯	8	27
岑峒屯	5	11
地平屯	3	15
甘崩屯	2	5
古龙屯	2	5
加边屯	1	4

屯名	贫困户数	人口数
拉朝屯	2	3
拉刮屯	4	11
拉麻屯	1	1
拉友屯	6	27
龙来屯	1	2
排果屯	3	6
排里屯	5	19
排连屯	4	8
排献屯	9	21
群二屯	3	9
群一屯	4	13
上联屯	1	4
上那屯	2	4
提念屯	2	9
下联屯	4	16
下那屯	2	8
下元屯	1	3

二 调查数据呈现的微观主体贫困

2017 年 5 月课题组赴龙岗村就精准扶贫专题进行调研，采用随机抽样法对 60 户家庭（其中 38 户建档立卡农户、22 户非建档立卡农户）进行了一对一的问卷入户调查。

2016 年，龙岗村居民人均可支配收入低于全国和广西壮族自治区平均水平。从龙岗村来看，贫困户人均可支配收入低于非贫困户人均可支配收入 22 个百分点（见图 2-1）。而在支出结构中，食品消费支出在贫困户和非贫困户中都是第一大支出项目，分别占到 30.3% 和 33.1%。

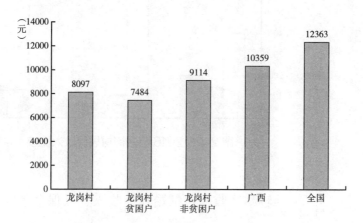

图 2-1　2016 年龙岗村人均可支配收入与广西和全国对比

　　从收入结构[①]来看，龙岗村居民 2016 年收入结构中，无论是对贫困户还是非贫困户群体而言，工资性收入都是各群体第一大收入来源，工资性收入分别占贫困户和非贫困户收入的 53.2%、80.4%（见表 2-5 和图 2-2）。

表 2-5　龙岗村居民 2016 年人均可支配收入结构

单位：元

分类	可支配收入	工资性收入	经营净收入	财产净收入	转移净收入
贫困户	7484	3984	1482	0	2018
非贫困户	9114	7325	1100	0	689
村平均	8097	5240	1339	0	1518

————————

①　收入结构采用国家统计局统计口径，居民可支配收入按照收入的来源，分为工资性收入、经营净收入、财产净收入和转移净收入。

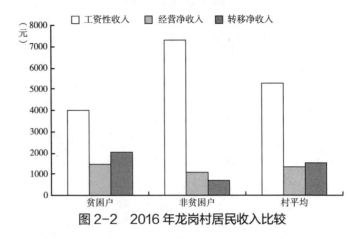

图 2-2 2016 年龙岗村居民收入比较

转移净收入包括赡养性收入、低保金收入、养老金收入、报销医疗费、礼金收入和补贴收入。2016年龙岗村居民转移净收入占人均可支配收入的比重在18.8%，但转移净收入对贫困户收入的贡献比较大，2016 年占贫困户可支配收入的比例为 27.0%，这一指标收入高于非贫困户近 20 个百分点。在转移净收入中，农业补贴是最大来源，贫困户中农业补贴性收入占转移净收入的 55%。

图 2-3、图 2-4 显示，经营净收入占收入结构比重在龙岗村贫困户和非贫困户中的区别并不大，分别为 20% 和 12%。我们进一步将经营净收入分为农业经营净收入和非农经营净收入。图 2-5 显示，经营净收入中，龙岗村贫困户相比非贫困户更加依赖农业经

营净收入，即使非农经营净收入是两类群体的第一大
收入来源。

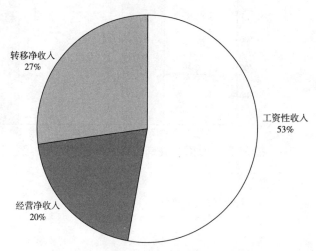

图2-3 2016年龙岗村贫困户收入结构

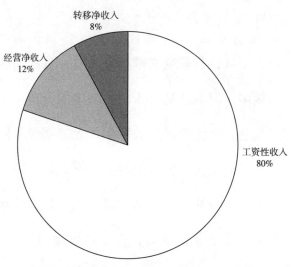

图2-4 2016年龙岗村非贫困户收入结构

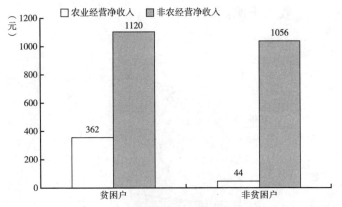

图 2-5　2016 年龙岗村贫困户与非贫困户经营净收入比较

第三节　龙岗村贫困原因分析

从已有研究文献梳理来看，贫困地区致贫原因有很多，但本质是由于缺乏基本的资源、机会、能力和权利，贫困难以突破瓶颈，无法摆脱贫困，主要表现为因病致贫、因残致贫、因学致贫、因灾害致贫、因婚致贫、缺失劳动力、缺土地、缺水、缺技术、缺资金、交通条件落后、自身发展动力不足等多种形式。龙岗村的贫困也不外乎这几点，便更集中。我们对龙岗村的入户问卷数据统计显示，2016 年龙岗村贫困户致贫的原因：①缺资金致贫占 45.1%；②缺技术致贫占 32.6%；③因病致贫占 49.9%；④因学致贫占 20.8%；⑤缺失劳动力致贫占 31.3%；⑥因残致贫占 12.4%。结合调研我们发现分数越低的贫困户，致贫的原因并不是单一因素引致的，往往是多因素交织影响的。例如因病致贫、因学致贫的农户往往也是缺劳动力、缺资金的。

一　生存环境约束

在集中连片特困地区和国家扶贫开发工作重点县，人们基本上是生活在"一方水土很难养起一方人"的恶劣环境下。龙岗村是典型的"九分石头一分土"地区。全村耕地条件较差，全村总面积 34180.5亩，但耕地面积仅为 1361 亩，且全是旱地，分布在石山或石缝隙中。受自然条件及地理位置影响，该村耕地种植结构单一，基本上只种供食用的玉米。农业收入微薄，难以满足家庭生活支出，家庭成员更倾向于外出务工补贴家用。

图 2-6　2017 年排果屯的一个贫困户正在种玉米

（来源于"龙岗网事"微信公众号，2017 年 5 月）

村屯的地理位置大多分布在群山环绕的山坳地段，常年缺水，村民用水都是靠乡政府修建的水窖或露天水柜存储雨水或地下水，一般没有经过消毒，卫生得不到保障，且水窖或水柜的水只够生活用水，不够用来发展生产。截至 2017 年 3 月，全村尚有 196 户 710 人得不到安全用水保障，占总人数的 38.99%。这意味着农业生产用水更得不到保障，这严重阻碍了龙岗村的产业发展，进而制约了龙岗村快速脱贫摘帽的步伐。如龙岗江旁屯水库建于 20 世纪 60 年代,^① 因年久失修现已出现斜面倒塌、主体渗漏、淤积严重等问题,不能发挥应有的人畜饮水、灌溉等功能,需进行库底平整、库边修筑、加固改造。

龙岗村与外界交通的要道少,且多是在石山腰上开辟的山路,路面狭窄,里侧有落石危险,外侧是陡峭的悬崖,交通的不便在很大程度上制约着该地区经济的发展。截至 2017 年 3 月还有 20 户以上的屯尚未通路。要到集市,只能步行。农户进出货物靠肩挑背扛,出行困难。

图 2-7 通往排里屯的一条山路

(来源于"龙岗网事"微信公众号,2017 年 5 月)

---

① 水库长 80 米,宽 50 米,约 4000 平方米,经初步估算工程总造价 80 万元左右。

截至 2016 年底，龙岗村有 9 个屯虽已通砂石路但尚未硬化，7 个屯尚未通砂石路，整村道路通路率仅为 76.67%。以地平屯为例，2017 年地平屯得到国家的支持，已在开山建路，而在以前还没有得到政策支持的时候，屯里的人们去村委，只能步行，而且要走极远又很陡的山路，腿脚比较灵活的年轻人也要走两个多小时才能到岑峒屯，山路很窄且一路荒无人烟。以前走到半路，还有农户家可以歇脚，但近年来，这几家农户都搬出去了，走此路的人也就少了。

图 2-8　2017 年调研组调研时的路况
（笔者拍摄，2017 年 5 月）

全村虽已全部通电，但因线路老化，供电线路长，电压不稳定，部分大功率电器无法使用。30 个村民小组中，有 5 个村民小组移动通信信号差通信质量不高，6 个村民小组均无宽带网络，信息较为闭塞。

二　自身发展约束

（一）因病致贫

当前，因病致贫返贫已成为广西贫困人口脱贫路上的"拦路虎"。[①] 统计数据显示，2016 年广西贫困人口中因病致贫、因病返贫约占 23.3%，[②] 马山县贫困户因病致贫占 30.7%。由于人口老龄化、医疗技术进步和设备更新等多方面的原因，居民所承担的医疗费用正在逐年上升，基本医保难以解决群众因大病承受的重负。因病致贫、因病返贫在龙岗村还是比较常见的，特别是对一个绝大部分青壮年劳动力都外出务工的老年村而言。入户问卷的数据显示，龙岗村因残疾、患有慢性病的建档立卡贫困人口占建档立卡贫困人口的 25%。其中疾病多为慢性疾病，例如心脑血

[①] 广西实施精准健康扶贫工程，为贫困人口建立起基本医保、大病保险、补充保险、医疗救助的"四道医疗保障线"。

[②] 庞革平：《广西着力实施健康扶贫工程》，《人民日报》2017 年 4 月 29 日。

管疾病和高血压、心脏病等。从家庭经济负担来看，调查数据显示，2016年贫困户和非贫困户家庭报销后的医疗费用支出占生活总支出的比重分别在1/4和1/5（见表2-6）。

表2-6　龙岗村居民2016年家庭主要支出结构

单位：元

分类	生活总支出	食品支出	报销后医疗支出	教育支出	礼金支出
贫困户	17389	5264	4346	4799	2674
非贫困户	20685	6850	4175	4051	4364
村平均	18639	5846	4283	4516	3193

注：家庭支出还包括养老保险费、合作医疗保险费等支出，这里没有列出。

图2-9　2017年入户问卷对象——因病致贫户

（课题组成员拍摄，2017年5月）

（二）因学致贫

马山县因学致贫比重相对较大，这个比例在16%左右。2016年在龙岗村167户未脱贫户中，[①] 有72户子女在校接受教育，占43.1%。调研访谈信息反馈，贫困户尤其重视子女教育问题，更愿意相信知识改变命运。因此，解决贫困户子女教育困难问题是改善贫困户生产生活条件最有效的措施之一。

（三）发展动力不足

自身发展动力不足导致的贫困，实际分为两种类型，一是客观因素导致的贫困，例如劳动力缺失，无法发展生产，劳动技能缺失，导致其成为贫困户。2015年龙岗村227户建档立卡贫困户中最大的一个特点是劳动力文化水平低，小学及文盲或者半文盲占86.7%。2017年调查问卷数据显示，2016年龙岗村村民小学及以下文化水平占比为49.8%（见图2-10）。

龙岗村227户建档立卡贫困户中残疾、患有慢性病的劳动力占到25.0%，劳动力中无劳动能力（在读学生或者幼儿）或者丧失劳动能力者229人，占劳动

[①] 2016年初建档立卡贫困户227户，其中167户为未脱贫户，脱贫户为55户，有5户为新增贫困户。

人口的 37.4%。2016 年龙岗村仍未脱贫的 167 户（527 人）建档立卡贫困人口中，完全丧失劳动能力者 69 人（其中残疾人口 15 人），占 13.1%。相比之下，调查问卷数据显示，2016 年龙岗村村民中残疾、患有慢性病、患有大病人口占调查总人口的 16.8%(见图 2-11)。

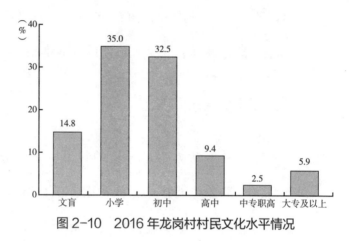

图 2-10　2016 年龙岗村村民文化水平情况

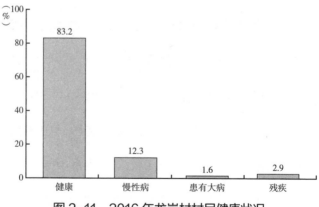

图 2-11　2016 年龙岗村村民健康状况

二是农户本身有劳动能力，但主动放弃劳动，导致生活贫困，主观期望获得政府或社会帮扶的贫困户。调研过程中，我们发现也有一些贫困户存在"等靠要"思想。他们家中无人有重大疾病，也不缺有效劳动力，但是他们安于现状，不积极参加劳动，只寄希望于政府的扶贫补贴，甚至将补贴用于玩乐。

此外，调研中值得注意的是，农村礼金支出压力对农户而言是比较重的。2016年统计数据显示，礼金支出在贫困户和非贫困户生活总支出中分别占到15.4%、21.1%。

图2-12 2017年入户问卷对象——因病致贫建档立卡户

（笔者拍摄，2017年5月）

第三章

精准扶贫工作实施机制

精准扶贫工作机制通过对贫困户精准识别、精准帮扶、精准管理和精准考核，引导各类扶贫资源优化配置，构建精准扶贫工作长效机制，为科学扶贫奠定坚实基础。

第一节　全面落实工作责任制

2015 年以来，广西壮族自治区党委书记、主席同时担任自治区扶贫开发工作领导小组组长，并在全国开创性地在领导小组下增设了综合协调、资金政策、基础设施、产业开发、移民搬迁、公共服务、组织保障 7 个专责小组。同时，37 位省级领导每人挂点联系一个贫困县，一定 6 年，直至脱贫摘帽。全区确定市级干部 476 人联系 559 个贫困村，县级干部 2883 人联系 2708 个贫困村，8000 多个单位参与定点扶贫，6500 名贫困村第一书记实现全覆盖。

马山县全面落实"党政一把手负总责"工作责任制，健全县、乡、村三级书记抓扶贫工作机制，成立了以县委书记、县长任组长，分管财政的常务副县长和分管扶贫的副县长任副组长的领导小组，领导小组下设综合协调、资金政策、基础设施等 9 个专责小组，全部由县处级领导担任小组组长，并从全县各乡镇和部门抽调 140 多人统一驻组集中办公；建立了"包乡抓村联户"工作机制，每个乡镇、贫困村都安排由县处级领导干部联系指导扶贫工作，其中 75 个贫困村安排了区、市、县后盾单位派出的第一书记或扶贫专干驻村专管扶贫，全县 8000 多名干部职工全覆盖结对帮扶所有建档立卡贫困户；以相关涉农部门负责人为成员的县统筹整合使用财政涉农资金工作领导小组，在县财政局设办公室，与县扶贫开发领导小组资金政策专责小组联合办公，办公室主任由县政府常务副县长担任，办公室副主任由财政局局长担任；率先在全区成立了县扶贫信息管理中心和乡镇扶贫工作站，乡镇扶贫工作站站长由各乡镇分管副乡镇长担任，配专职副站长1名，各乡镇财政所、水利站、农林站各派出1名副职领导兼任扶贫工作站副站长；研究制定精准脱贫"1+20"配套文件，在南宁市率先出台脱贫摘帽激励办法；实行"5432"结对帮扶制度。

龙岗村扶贫工作实行网格化管理，全村30个屯包片管理，结合本村实际，将驻村工作队、包村工作队、村"两委"成员分成3个工作小组，按分片包干制开展扶贫工作。

第二节　创新扶贫模式

在现任驻村第一书记陆治江带领下，龙岗村首创集就业增收、奖励先进、宣传引导、技能培训及电商服务等功能于一体的一站式扶贫工作模式，打造了扶贫、扶志、扶智相结合的"三扶"综合中心，有效激发了贫困群众脱贫的积极性和主动性，增强了致富的内生动力。

一 "三扶"综合中心

（一）扶贫先招商，打造"扶贫车间"

2018年6月，龙岗村建立"扶贫车间"，并先后引进了彩灯手工制作、航空耳机制作等项目，成功吸引村民积极参与车间生产，就地安置富余劳动力，有效辐射带动了邻村及附近乡镇的劳动力参与生产，加速带动村民脱贫致富。扶贫车间新厂房可提供200个就业岗位，设有焊插针、焊喇叭等19个工种。截至2019年4月，已有近百人参与扶贫车间手工制作。其中，焊插针15名、焊喇叭25名、焊咪头开关10名、合盖10名、扭线10名、开线头2名、上锡2名、测试头部1名、测试咪头1名、测试成品2名、绕线20名、割线2名。正在扩建的新厂房预计可再增加300个就业岗位。

（二）扶贫先扶志，建立"扶志超市"

扶志就是要帮助贫困群众树立起摆脱困境的信

心和斗志。"扶志超市"以奖励的方式鼓舞民心志气，推行全员化积分评定模式，村民在扶贫车间工作努力、表现突出，在环境卫生、社会公益、和睦邻里、遵纪守法、见义勇为、爱心传递、积极学习、子女学习成绩优秀等方面都可以获得相应的积分。村民可以凭积分按月集中到"扶志超市"免费兑换油、米、盐、洗衣液等生活用品。"扶志超市"的物资费用从村级集体经济收入和社会爱心人士捐赠中列支，由村党支部管理。"扶志超市"的条规在潜移默化中形成了龙岗村的村规民约，形成了"比学赶帮超"的活跃氛围，有效带动了村民整村发展的积极性。

（三）扶贫必扶智，创办"扶智课堂"

帮助和指导贫困村民提升脱贫致富的综合素质，一是开展劳动技能培训，在此期间，区、市、县等各级专家，第一书记和村里致富能人共开展12次产业发展成功经验分享；二是宣传党和国家方针、政策，"扶智课堂"创立以来，后盾单位南宁市公安局、马山县科学技术协会和帮扶企业南宁威宁集团、捷佳润公司等先后派出优秀党员或业务骨干70人次到村"扶智课堂"开展党员教育活动和惠民知识宣传；三是搭建电商平台，让群众及时掌握市场信息，拓宽村民农副产品销售渠道。

自 2018 年 3 月以来，龙岗村通过"扶智课堂"举办了种桑养蚕、砂糖橘种植、彩灯组装、高端耳机制作、课外辅导等培训 12 场次，培训村里贫困家庭成员和非贫困户留守劳动力达 500 多人次，学生 120 多人次，经过培训，"扶贫车间"就业人数增加 53 人，种养殖户数增加 35 户。此外，通过外出学习和入户宣传相结合，多次邀请专家到村里开展种桑养蚕技术培训，联系结对帮扶企业垫支购买桑苗费用，免费赠送化肥等，桑树种植逐渐在龙岗村发展壮大，现全村 35 户村民种植桑树达 200 亩，贫困户年均增收 3000 元以上。

二 "三种三养一车间"产业超市

受制于龙岗村的资源环境，发展单一的大规模产业难以带动当地困难群众脱贫致富。在两任驻村第一书记不断探索下，龙岗村因地制宜地制定了"三种三养一车间"的"产业超市"发展思路。

"三种"。一种桑树：桑叶耐旱，耐贫瘠，对土壤适应性强，种植收益高。二种牧草：牧草再生能力强，产量高，可频繁刈割，多次利用，主要供应给本村龙盛养殖专业合作社。三种旱藕：旱藕耐旱，土壤适应强，种植收益高。

"三养"①。一养养蚕：养蚕属于短平快项目，收益很高，适合本村发展需要。二养养牛：肉牛收益高，带动力强，马山县龙盛养殖专业合作社牵头发展肉牛养殖，存栏 102 头，每头利润 3000 元左右，下一步将推动农户合作散养。三养养鸡：由致富能人牵头成立养殖合作社，建设 800 平方米鸡舍，每年分两批饲养蛋鸡 2 万羽，实现卖蛋卖鸡双重收入，并吸纳贫困户以各种形式参股入股，实现对未脱贫户特色产业的全覆盖。

"一车间"。即扶贫车间。2018 年 6 月，龙岗村创办"扶贫车间"，并先后引进了彩灯手工制作、航空耳机制作等项目，成功吸引 66 人（其中贫困户 25 人）参与车间生产，就地安置富余劳动力，有效辐射带动了邻村及附近乡镇的劳动力参与生产。

① 现任村第一书记确定的"三养"指的是养蚕、养牛、养鸡。

三 探索紧密利益联结机制

探索"企业+贫困户""合作社+贫困户""能人+贫困户""干部+贫困户"多元扶贫模式,建立贫困户参与机制和受益机制。通过扶持农业经营主体,培养新型农民队伍,引导各乡镇因地制宜选准1~2个特色优势产业进行扶持,促进产业特色化、规模化、多元化、股权化、市场化发展。通过入股、联营、托管等形式交由龙头企业、农民合作社、经济能人经营管理开发创收项目,建立起贫困户参与机制和受益机制。目前龙岗村开展产业扶贫最主要的载体是合作社。由于龙岗村自然条件差,产业基础薄弱,扶贫工作难度大。为实现按计划脱贫摘帽的工作目标,驻村第一书记带领村"两委"在调查走访贫困户脱贫意愿的基础上,结合本村的实际情况,确定发展生态养殖业引导贫困户通过信贷入股,采取"企业+金融+合作社+农户"的模式,建设生态养殖基地,发展扩大养牛、生态猪、黑山羊等有基础、群众有意愿的养殖业。截至2017年10月,龙岗村成立了两个生态养殖专业合作社,分别是养殖生态肉牛的龙盛养殖专业合作社和养殖生态猪的民丰养殖专业合作社。

第三节　充分利用帮扶机制

根据《关于印发〈南宁市精准扶贫结对帮扶到村到户"三包"实施方案〉的通知》和《马山县精准扶贫结对帮扶到村到户"三包"实施方案》精神，按照"领导包抓乡镇、单位到村、干部到户、责任到人、措施到位"的工作要求，马山县将全县行政事业单位、国有企业干部职工7958人采取处级干部每人帮扶5户、科级干部每人帮扶4户、一般干部每人帮扶2~3户的"5432"帮扶机制，统筹安排到贫困村贫困户参与结对帮扶，实现贫困户帮扶全覆盖。帮扶人员在详细了解各项扶贫政策、了解农户情况的基础上，协助农户总结致贫原因，引导贫困户填写帮扶需求表，做到因户制宜、因人而异。对于不了解政策的贫困户，积极引导、协助贫困户想法子、谋出路，与贫困户讨论后再认真填写帮扶需求表，做到扶志与扶贫相结合，实现对帮扶对象政治上关心、生活上照顾、感情上慰藉、发展上帮助。此外，还明确了帮扶对象、帮扶时间、帮扶目标和责任分工，要求帮扶人员进村入户与贫困户见面了解基本情况、宣传扶贫政策、制定完善帮扶计划，指导贫困户申报相关惠农项目，并将贫困户相关信息表、脱贫计划措施等上报到乡镇扶贫部门备案，为进一步因村因户开展帮扶工作奠定了基础。马山县每年对县直单位扶贫工作进行绩效考评。工作绩效考评指标由组织领导、工作措施、工作成效、推进项目验收等四个指标构成，含领导重视到村到户帮扶工作等 8 个子项，共 30 分。

项目安排金融扶贫资金占总资金的 2.29%。主要对贫困户贷款发展种植、养殖业进行贴息，利用扶贫贷款财政贴息扶持带动贫困户发展产业。按照基础设施项目资金不高于资金总量 30% 的原则，安排 2016 年第一批基础设施建设项目 750 万元，占总资金的 28.58%，主要安排在"十三五"整村推进贫困村、历年扶贫异地安置村屯、扶贫生态移民村的屯级水泥路建设项目。2015 年审计署曝光马山县财政扶贫资金闲置的问题，马山县扶贫办主动与财政、民政和发改等部门沟通协调，研究制定审计整改措施，形成了"县、乡、村、屯"四级上下联动工作机制，按照"支出必问效，无效必问责"的原则，将扶贫项目的推进纳入绩效评价范围，切实提高预算资金的使用效益，推动整改措施落实，全面完成财政专项扶贫资金项目清理任务。

2016年第一批财政专项扶贫资金2706万元（发展资金），其中：扶贫生态移民资金52万元，领导挂点扶持资金30万元，实际切块到马山县的财政专项扶贫资金2624万元。

2016年第二批补助马山县财政专项扶贫资金1386万元，重点用于扶贫项目贷款贴息和由县级负责的到户扶贫小额贷款贴息补助、扶贫小额信贷风险补偿金补助、农民专业合作社组织发展，适当用于贫困村及贫困发生率在25%以上的非贫困村中20户以上未通路自然屯的道路建设及贫困户危房改造补助。

2017年8月广西第二批财政专项扶贫资金20.3亿元拨付到市县，第二批财政专项扶贫资金中分配到54个贫困县的资金规模达18.7亿元，占本次下达资金总额的92%。本次下达的扶贫资金全部采取因素法切块下达市县，不再指定具体项目，将项目审批权限下放到县一级，由各县（市、区）结合当地脱贫规划和扶贫工作实际，围绕减贫目标，因地制宜确定财政专项扶贫资金具体使用方向和支持项目。

自治区切块到县的专项扶贫资金，侧重于产业开发，占总资金的46.17%，主要安排在"十三五"整村推进贫困村、历年扶贫异地安置村屯、扶贫生态移民村的产业开发项目。其中，以奖代补是利用财政专项扶贫资金（发展资金）发展产业项目，奖补对象是建档立卡贫困户、处于继续扶持和跟踪观察期的脱贫户。主要目的是鼓励贫困户发展种植、养殖产业项目，项目覆盖全县 151 个村所有有种养能力的贫困户。

以奖代补

种植类：提高部分项目奖补标准。将原《马山县推动扶贫产业发展奖补暂行办法》（简称《办法》）的"种桑，经验收成活率达 90% 以上，面积 1~3 亩（不含 3 亩），种植嫁接苗的每亩一次性奖补 1600 元，种植实生苗的每亩一次性奖补 800 元；面积达 3 亩及以上的，种植嫁接苗的每亩一次性奖补 2000 元，种植实生苗的每亩一次性奖补 1000 元"调整为"种桑，经验收成活率达 90% 以上，面积 2 亩以下（不含 2 亩），种植嫁接苗的每亩一次性奖补 1600 元，种植实生苗的每亩一次性奖补 800 元；面积达 2 亩及以上的，种植嫁接苗的每亩一次性奖补 2000 元，种植实生苗的每亩一次性奖补 1000 元"；将《办法》的"种植构树，经验收成活率达 90% 以上，面积 1~3 亩（不含 3 亩），每亩一次性奖补 1600 元；面积 3 亩及以上的，每亩一次性奖补 2000 元"调整为"种植构树，经验收成活率达 90% 以上，面积 2 亩（不含 2 亩）以下，每亩一次性奖补 2000 元；面积 2 亩及以上的，每亩一次性奖补 2500 元"。

增加奖补的种植项目：将水稻、玉米、木薯、马铃薯、芋头、花生、豆类（红豆、黄豆、黑豆、绿豆）、沉香、油茶、吴茱萸、莪术等种植项目纳入奖补范围。水稻、玉米、木薯种植：面积 3 亩（不含 3 亩）以下的，优良品种每亩一次性奖补 200 元，常规品种每亩一次性奖补 50 元；面积 3 亩及以上的，优良品种每亩一次性奖补 300 元，常规品种每亩一次性奖补 60 元。马铃薯、芋头、花生种植：面积 3 亩（不含 3 亩）以下的，每亩一次性奖补 300 元；面积 3 亩及以上的，每亩一次性奖补 400 元。豆类（红豆、黄豆、黑豆、绿豆）种植：面积 3 亩（不含 3 亩）以下的，每亩一次性奖补 100 元；面积 3 亩及以上的，每亩一次性奖补 150 元。沉香、吴茱萸、莪术种植：面积 3 亩（不含 3 亩）以下的，每亩一次性奖补 500 元；面积 3 亩及以上的，每亩一次性奖补 600

元。油茶种植：面积3亩（不含3亩）以下的，每亩一次性奖补600元；面积3亩及以上的，每亩一次性奖补700元。

养殖类：调整部分养殖奖补条件。将《办法》的"存栏黑山羊5只及以上，养殖6个月以上的，每只一次性奖补500元"调整为"存栏黑山羊5只以下（不含5只），养殖6个月以上的，每只一次性奖补300元，存栏黑山羊5只及以上，养殖6个月以上的，每只一次性奖补500元"；将《办法》的"存栏牛、马2头（匹）及以上，养殖6个月以上的，水牛、马每头一次性奖补1000元，黄牛每头一次性奖补800元"调整为"存栏牛、马2头（匹）以下，养殖6个月以上的，水牛、马每头一次性奖补800元，黄牛每头一次性奖补600元；存栏牛、马2头（匹）及以上，养殖6个月以上的，水牛、马每头一次性奖补1000元，黄牛每头一次性奖补800元"；将《办法》的"存栏肉猪5头及以上，每头50公斤及以上，每头一次性奖补300元"调整为"存栏肉猪5头以下（不含5头），每头养殖3个月以上，每头一次性奖补200元，存栏肉猪5头及以上，每头养殖3个月以上，每头一次性奖补300元"；将《办法》的"存栏育成鸡、鸭50只以上，鹅30只以上，养殖2个月以上，鸡、鸭每只一次性奖补10元，鹅每只一次性奖补20元"调整为"存栏育成家禽50~100只（不含100只），养殖2个月以上，鸡、鸭每只一次性奖补10元，鹅每只一次性奖补20元；存栏育成家禽100只及以上，养殖2个月以上，鸡、鸭每只一次性奖补15元，鹅每只一次性奖补30元"。

增加奖补的养殖项目：将鹌鹑、海狸鼠、豚鼠、鸽子、兔子、蜜蜂养殖纳入奖补范围。鹌鹑养殖：数量50~1000只（不含1000只），养殖2个月以上，每只一次性奖补2元；数量1000只及以上，养殖2个月以上，每只一次性奖补2.5元。海狸鼠养殖：数量20~50只（不含50只），养殖3个月以上，每只一次性奖补40元；数量50只及以上，养殖3个月以上，每只一次性奖补50元。兔子养殖：数量20~50只（不含50只），养殖3个月以上，每只一次性奖补10元；数量50只及以上，养殖3个月以上，每只一次性奖补15元。鸽子、豚鼠养殖：数量50~100只（不含100只），养殖2个月以上，每只一次性奖补10元；数量100只及以上，养殖2个月以上，每只一次性奖补12元。蜜蜂养殖：数量2~10箱（不含

10箱)，养殖3个月以上，每箱一次性奖补200元；数量10箱及以上，养殖3个月以上，每箱一次性奖补250元。

第四节　落实组织保障

狠抓第一书记队伍建设，提升扶贫队伍作战力。选派第一书记、扶贫专干、乡村建设（扶贫）工作队员452人进驻全县所有的151个村（社区）；组织全县落实帮扶干部8967名全覆盖帮扶全县2.37万个贫困户，确保扶贫工作"有人干，有人帮"。每月召开一次"第一书记扶贫工作交流会"；编发《马山县乡村建设（扶贫）工作队工作信息》11期；建立了"马山县第一书记空店扶贫微信群"等专项工作微信平台，极大地促进团队成员合作与交流，整体高效地推动工作开展。

充分发挥党员干部的先锋模范作用。一是"当引领"——不断强化先锋带动作用，党员主动做产业发展的带头人，培育7名党员成为产业致富带头人；二是"做宣讲"——将村党支部成员分成两个宣讲小分队，每月下到村民小组开展两次以上党和国家的好政策以及脱贫攻坚政策宣讲活动，搭建与群众沟通的大平台；三是"亮身份"——支部党员要敢于"亮身份"，在进村入户时佩戴党徽，在自家屋外显眼位置挂"党员家庭"的牌子，真正起到模范带头作用，同时主动接受群众监督；四是"建微群"——组建支部"党员之家"微信群，与外出务工、经商的党员保持联系，让党员在线上线下都能找到组织，随时了解到党支部动态，履行党员责任和义务。

第四章

龙岗村精准扶贫主要举措

龙岗村大力落实马山县"七个一批"精准扶贫措施，即培育扶贫产业，发展生产脱贫一批；健全公共就业服务体系，转移就业脱贫一批；有序推进扶贫移民，移民搬迁脱贫一批；加大贫困地区生态保护修复力度，生态补偿脱贫一批；深入实施教育精准扶贫，发展教育脱贫一批；完善医疗卫生服务，医疗救助脱贫一批；落实最低生活保障，社会保障兜底脱贫一批。构建了集教育扶贫、医疗扶贫、转移就业、产业扶贫等于一体的扶贫格局。

第一节 劳有所得

一 产业带动

发展产业带动贫困地区以及农户增收致富始于20世纪80年代。以发展贫困地区特色产业为手段的扶贫方式也被称为产业扶贫，是开发式扶贫中的重要组成部分，其目标是通过发展地方产业，提升贫困群体自身发展能力，促进贫困地区人口脱贫致富。因此，脱贫攻坚离不开产业支撑，产业的发展是直接决定农民"钱袋子"的问题。坚实的产业基础也是有效切断返贫的重要保障。

由于龙岗村自然条件差，产业基础薄弱，扶贫工作难度大。为实现按计划脱贫摘帽的工作目标，驻村第一书记带领村"两委"在调查走访贫困户脱贫愿望的基础上，结合本村的实际情况，制定了"三种（种牧草、种旱藕、种桑树）三养（养牛、养猪、养蚕）一车间（扶贫车间）"的"产业超市"发展思路，确立了"户户有增收项目、人人有脱贫门路"目标，并相应成立养牛、养黑山猪、养蚕三个合作社，充分发展村集体经济。全村村民特别是贫困户，结合自身家庭情况出发，自主选择2~3种产业发展，产业覆盖率达100%，实现了户户有增收项目、人人有脱贫门路。

目前，龙岗村重点扶持的"短平快"产业项目是生态猪养殖，投资192万元在拉友和龙来屯建设年出栏生态猪1200头规模的养殖基地。重点扶持的中短期产业项目是砂糖橘种植，在拉友、拉湾、拉麻、江旁、提念、岑峒等屯建设200亩砂糖橘基地发展砂糖橘产业。重点扶持的长期产业项目是良种肉牛养殖，计划投资2000万元在排果屯建设年出栏良种肉牛1135头规模的养殖基地，2017年8月已投入使用。通过短、中、长期项目多管齐下，有效保证贫困户增收，实现脱贫致富。

（一）生态肉牛养殖示范基地

2017年龙岗村成立马山县龙盛养殖专业合作社，该合作社是专注生态肉牛养殖的示范基地，也是第一个村级养殖专业合作社，是龙岗村的重点产业帮扶脱贫项目，其目标是将龙岗村的生态肉牛养殖示范基地打造成加方乡乃至马山县示范养殖基地。依据龙岗村的场地资源和贫困人口数量，合作社计划建设年存出栏量1000

头良种肉牛规模的大型养殖场，项目总投资约1800万元，建成后可实现年产值1600万元。项目计划分三期建设，一期建设年出栏良种肉牛300头规模的养殖场，吸纳60户贫困户参与合作社良种肉牛养殖，项目首年投资预计530万元，实现年产值480万元（见表4-1）。

表4-1　年出栏300头良种肉牛规模的养殖投资测算

单位：万元

项目	金额	说明
基建及设备费用	150	建设3000平方米的标准化肉牛养殖场棚及相关配套设施和采购养殖设备
首年牛犊采购	210	每户采购5头良种西门塔尔肉牛犊
年草料、饲料成本	144	合作社用于采购由农户种植的牧草、玉米等
其他资金	26	合作社用于饲养人工费、管理等相关开支
首年合计投资	530	此投资作为参考，具体以实际开支为准

1. 项目资金筹措

主要包括三个方面。一是合作社自筹资金200万元，用于建设标准化肉牛养殖场的基础设施和自动化养殖设备的采购，以及部分养殖成本开支。二是养殖场建设完成后，参与合作社的贫困户按照每户养殖5头良种肉牛的数量向政府申请金融贴息贷款5万元，用于采购良种西门塔尔肉牛犊和养殖成本开支，60户共计申请贷款300万元。三是合作社按照马山县政府关于产业扶贫的相关奖补政策，向政府部门申请30万元产业发展奖补资金，用于养殖的成本开支。

2. 合作社的运行

合作社的运行采用"贫困户＋企业＋村干＋能人"的架构，打造以肉牛规模化养殖为主导的产业发展龙头。通过这个模式，把贫困户、企业、村干、能人四方力量聚合起来，为合作社的发展和壮大提供强有力的组织保障。在这个模式下，贫困户是合作社的基础，成立合作社是贫困户在脱贫道路上的自我探索；企业是合作社的引擎，它以市场为导向组织生产和销售，同时依靠其自身优势为合作社解决资金、技术、管理、市场四大方面的问题；村干是合作社的润滑剂，发挥"协同作用"，代表政府协调企业和贫困户各方，负责为合作社争取政策扶持，监督和保障各方利益；能人是定心骨，既代表村集体和贫困户参与管理，同时起到脱贫致富的示范带动作用。各方主体相互协调，互为补充，拧成一股绳，形成脱贫的强大合力。

3. 利润分配

第一阶段：政策扶持经营期（2016~2019年）。参与合作养殖的贫困户每户申请5万元贴息贷款由村委会成立养殖产业发展小组和合作社共同负责，统一帮助每户贫困户采购5头西门塔尔良种肉牛犊（每头牛犊平均400斤），采购回的良种肉牛犊统一集中养殖在合作社投建的养殖场内，由合作社的专业管理团队统一进行标准化、科学化饲养。肉牛养殖出栏后，在扣除所有养殖成本后，所得利润合作社和贫困户按照6∶4的比例进行分配（为保障贫困户的利益，合作社给予参与养殖的贫困户每年每户不低于5000元的保底利润，若实际利润超出5000元则按照实际利润分红）。

第二阶段：可持续发展经营期（2019年后）。经过前三年的持续产业扶贫，参与合作养殖的贫困户实现脱贫摘帽后，村委会可利用脱贫持续帮扶资金和村集体经济专项资金投资到合作社中，并按照投资资金比例持有合作社的固定股份，享受合作社的经营分红，实现可持续增收。也可以利用以上资金回购合作社的养殖场固定资产，作为村集体产业，带领全村农户进行自主经营，实现"造血功能"。

4. 贫困户利益保障

一是从合作模式上予以保障。贫困户委托合作社代为管理和发展肉牛养殖，贫困户所采购的牛是归贫困户实际拥有的，由合作社来统一科学规范养殖，统一出栏销售，这样既可以最大限度地提高肉牛的养殖利润，也可以规避因贫困户散养存在的固定资产投资大、养殖经验不足、养殖效益不高等风险。因此，贫困户是养殖项目的实际参与者和养殖资产的实际拥有者，避免了贫困户将贷款资金直接作为投资给第三方所带来的还贷风险问题。

二是从合作制度上予以保障。村委和贫困户代表对该项目的运营进行全程监督和跟踪管理，合作社全程规范、公开运营。具体操作流程是，以村委会为主体，牵头成立由驻村第一书记、村委干部、贫困户代表组成的村养殖产业发展小组，具体负责参与合作社的资金管理、使用和跟踪监督。合作社从牛犊采购、饲料采购、养殖管理、出栏销售等每一个经营环节均由村养殖产业发展小组全程参与、全程监督，合作社无条件接受养殖产业发展小组的监督。

三是从控制养殖风险上予以保障。为保障参与合作养殖贫困户的利益，合作社为养殖风险的实际承担者，具体风险承担措施有以下几项：第一，贫困户参与养殖的所有的肉牛合作社均予以购买养殖保险；第二，合作社每年将贫困户参与合作养殖的最低收益交由村养殖产业发展小组管理，确保贫困户的收益不受养殖过程中出现的其他不可预见的风险影响；第三，合作社必须保障参与养殖的贫困户每户5头良种肉牛的存栏数量及最低重量要求，若养殖过程中出现死亡，应及时报保险赔付后进补栏，确保存栏牛的资产价值不降低；第四，肉牛养殖出栏时，由村养殖产业发展小组和合作社共同参与选择销售商和价格谈判，合作社不得自行销售贫困户参与养殖的肉牛。销售款由村养殖产业发展小组先行提出贫困户的贷款本金，然后再由合作社进行安排。若因市场价格等特殊原因造成销售款不够支付贫困户贷款本金，由合作社垫付补够差额，确保贫困户贷款本金的绝对安全。

5. 项目预期

该项目一期可带动龙岗村 60 户贫困户，约 200 名贫困人口脱贫。按照目前人均年收入 3100 元的脱贫标准，200 人的贫困人口需要每年达到 62 万元的总收入才能脱贫。发展该肉牛养殖产业项目每年可为参与合作的贫困农户带来 116 万元的收入，仅此一项产业可以让参与养殖的贫困户全部脱贫，并且可大幅超出最低脱贫收入标准。

具体收入分析如下。①贫困户参与合作社肉牛养殖的直接收益，每户按最低标准可得到分红 5000 元，此项可为参与的贫困户带来 30 万元的收入。②参与肉牛养殖的贫困户每户可利用自家土地种植 2 亩的牧草或玉米，所种牧草由合作社全部收购，每户2亩地可增收6000元，此项可为参与的贫困户带来36万元的收入。③养殖场可安排10名贫困户到养殖场工作，每年每人可获劳动收入2万元，此项可为贫困农户带来20万元的收入。④根据马山县政府的相关养殖产业奖补政策，参与合作社发展养殖的贫困户每户每年最高可以获5000元的扶贫奖补，此项也可以为贫困户带来30万元的收入。

6. 扶贫效果

由合作社经营的龙岗村生态肉牛养殖扶贫基地项目2017年首批建设年出栏良种肉牛300头规模的养殖场，项目实际吸纳了全村227户贫困户共同参与合作社的良种肉牛养殖，项目首年获得投资约500万元，资金主要用于修缮厂房和配备打碎机等设备。

图4-1 2017年正在建设的肉牛养殖基地

（笔者拍摄，2017年5月）

2017年龙岗村通过规划引领、政策扶持等方式，在坚持不改变资金使用性质及用途的前提下，整合村集体经济发展资金200万元入股龙盛养殖专业合作社，按照"资金变股金、农民变股民"的新发展模式，确保入股后村集体经济发展资金每年获得不低于8%的分红。[①] 仅在投入当年就实现了不低于16万元的集体经济收入，村集体经济实现了从无到有的突破，为贫困户打开增收门路。

龙岗村通过"以奖代租"的模式发动50多户贫困户种植120亩牧草。贫困户利用自家的土地来入股，每种一亩牧草获得300元红利的奖励，牧草长成后合作社再进行回收。据测算，贫困户仅种植牧草一项一年就有几千块钱的收入。2017年首次收割牧草就有近8万元收益分红，平均每户有1600元的收入，最高一户达9800多元，贫困户通过种植牧草实现稳定增收。2018年龙盛养殖专业合作社存牛量稳步提升，合作社发放牧草钱款和补助18.3万元。

---

① 2017年村"两委"为合作社争取到民政资金10万元，此资金合作社用于养殖基地肉牛养殖。为保障村集体的利益，合作社给予村集体每年1万元的保底分红。

图 4-2　2017 年龙盛养殖专业合作社（肉牛）

（笔者拍摄，2017 年 5 月）

图 4-3　2017 年生态肉牛养殖示范基地

（笔者拍摄，2017 年 5 月）

（二）生态种养专业合作社

民丰生态种养专业合作社是由龙岗村创业能人潘

泽丰在 2016 年 9 月 27 日牵头成立的，注册资本为
29.5 万元，社员有 32 户。该合作社是南宁市民政局
精准扶贫种养殖一体化基地，其主要经营范围是养殖
生态猪及种植砂糖橘一体化经营。

1. 发展生态猪养殖

民丰生态种养专业合作社投资 192 万元在拉友和
龙来屯建设年出栏生态猪 1200 头规模的养殖基地。养
殖成熟的猪主要在当地进行销售。合作社成立当年底
实现总销售额 10 万元（但没有分红）。该合作社是加
方乡第一个把砂糖橘变成产业的经营组织，投入运行
的第二年就产生了较好的扶贫效果。2017 年合作社争
取到财政扶贫专项资金中对合作社奖补项目资金 13 万
元，用于猪舍建设。

图 4-4 2017 年民丰生态养殖基地
（笔者拍摄，2017 年 5 月）

2. 砂糖橘种植

民丰生态种养专业合作社投资100万元在拉友、拉湾、拉麻、江旁、提念、岑垌等屯建设200亩砂糖橘基地，共有11户贫困户通过土地流转或加入合作社参与种养殖等形式参与到合作社中，依靠能人带贫实现发展。潘泽丰之前也是贫困户，起初他种了20多亩砂糖橘，想通过种植增加收入。经过几年的种植，令潘泽丰苦恼的是，自己投入了大量的劳力、物力，却收入甚微。第一书记了解情况后，主动上门帮他分析原因，商讨对策。原来，潘泽丰施肥用的肥料全部是从街上买来的化肥，成本非常高。找出原因后，第一书记建议潘泽丰改用农家肥施肥。那么新的问题又来了，如何保证农家肥能按时按量供应呢？大家经过反复讨论，最后决定，通过养猪来解决农家肥的问题。为了摘掉贫困户的帽子，在第一书记的引导下，潘泽丰将砂糖橘种植面积扩大到60多亩，并在附近建起养猪场，开启肉猪的养殖。种养期间，潘泽丰将养猪场的猪粪作为肥料，给砂糖橘施肥，这样既减少了砂糖橘的成本，又可以保证砂糖橘无公害，口感更为香甜。不仅如此，肉猪的养殖也给潘泽丰家带来了另一笔可观的收入。潘泽丰利用养猪和栽橘混搭，2016年他的果园产出的砂糖橘皮薄肉甜，吸引众多游客采摘，砂糖橘供不应求，再加上几批肉猪的销售，潘泽丰一家在当年就脱贫了。有了种养经验后，潘泽丰在南宁市民政局的扶持下，成立了龙岗村民丰生态种养专业合作社，进一步扩大了产业规模，将砂糖橘种植面积再扩大68亩，并在养猪场扩建猪舍，增加肉猪的养殖量，吸纳更多贫困户加入合作社。

图4-5　2017年周边农户新建的小规模养殖场

（笔者拍摄，2017年5月）。

3. 扶贫效果

2016年依靠砂糖橘种植和生态猪养殖，合作社带领11户贫困户实现了脱贫摘帽，走向自主创造财富的道路。2017年4月合作社完成了一期建设，带动近60户贫困户通过养殖的300头生态牛实现脱贫摘帽。2016年龙岗村有83户农户获得奖补，奖补资金为210220元，为8户贫困户办理专项贷款服务，48户贫困户顺利实现"脱贫摘帽"目标。截至2017年11月龙岗村贫困户"以奖代补"项目发放奖补资金134020元，占加方乡奖补资金942580元的14%。奖补资金主要是对养殖产业的奖补。获得奖补资金的有60户。其中生态猪养殖的农户占绝对大多数（见图4-6）。

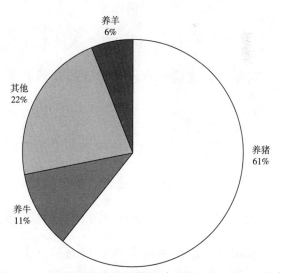

图4-6 龙岗村以奖代补情况（截至2017年11月）

（三）特色产业全覆盖

此外，龙岗村还积极探索与加方乡山琴种养专业合作社合作，引导28户村民种植旱藕80亩，为合作社加工旱藕粉提供优质旱藕，贫困户种植的旱藕有了稳定销路，合作社旱藕粉加工有了原料，达到贫困户稳定增收脱贫与合作社发展双赢局面。

在种植桑树的基础上，鼓励村民发展养蚕业，并组织村民外出学习和邀请专家到村里开展技术培训，现全村有35户村民参与养殖桑蚕，贫困户年均增收3000元以上。

实施中烟集团捐赠资金"贷牛还牛"项目，经村"两委"研究，委托加方乡人民政府作为业主代为采购牛种，之后再分发给贫困户饲养，采购预算金额为8万元。

充分利用广西草凤凰农业发展有限公司的技术保障和市场销售优势，推行"村民合作社＋专业合作社＋企业＋农户"等多种合作发展模式，通过基地集中养殖和组织培训示范带动农户分散自主养殖，实现贫困农户通过养殖增收稳定脱贫，特别是通过代养实现对弱劳动力和无劳动力贫困户产业全覆盖。

投入资金40万元，由致富能人牵头成立养殖合作社，建设800平方米鸡舍，每年分两批饲养蛋鸡2万羽，实现卖蛋卖鸡双重收入，并吸纳贫困户以各种形式参股入股，实现对未脱贫户特色产业的全覆盖。

这些企业和个人，他们积极参与扶贫，以带动村民脱贫致富为己任，在产业扶贫开展过程中发挥了至关重要的作用。概括起来就是：政策引导、能人带头、金融支持、农户参与、合作经营。合作社作为龙岗村产业扶贫重要的载体，推动产业扶贫取得了较好成效。同时企业的不断壮大和经济效益产出，发挥了示范效应，带动周边农户开始发展以家庭为单位的养殖业。如今，龙岗村跳出常规的思路，将种与养联动起来，探索出种养生态产业发展模式，将无害化与资源化结合起来，为脱贫致富再出新招。个别农户每亩年产值达到8000元，一般农户达到5000元，村民增收致富取得明显成效。

二 就业培训

马山县是劳务输出大县，2015年全县外出务工人数达16.9万人。近年来，马山县紧紧围绕"培训一人，输出一人，就业一人，脱贫一户"的"四个一"工作目标，精心实施"职业技能培训工程"，开展"菜单式"培训，着力破解职业技能培训存在的政府培训与群众需求、市场需求脱节的"两张皮"问题，促进稳定就业创业。

2016 年，马山县政府对法定劳动年龄内，有劳动能力、有培训就业创业愿望的贫困劳动力，按照市场需求，通过举办职业培训、新型职业农民培育、职业技能学历教育、"雨露计划"扶贫培训等形式帮扶其就业。① 促进贫困劳动力从体力型就业向技能型就业转变、向非农产业和城镇转移，实现就地就近就业创业、外出务工脱贫。2016 年马山县投入培训经费 13.5 万元，组织开展各种技能培训 8 期，培训农民工 900 多人，其中贫困人员 160 人，残疾人 110 人。城镇新增就业 450 人，农村转移就业新增 3260 人，其中贫困村劳动力转移就业 1727 人。2017 年整合汇编发放《农村返乡人员留乡就业创业服务手册》11.4 万余册。

---

① "雨露计划"是一项由扶贫部门通过资助、引导农村贫困户初中、高中毕业生和青壮年劳动力接受学历教育和技能培训，提高扶贫对象的素质，增强就业创业能力，实现脱贫致富的扶贫培训计划。扶贫对象为农村建档立卡贫困户（含尚在 2 年继续扶持期内的 2015 年退出户、2016 年脱贫户）中，接受中、高等职业学历教育以及普通高校本科学历教育的学生和参加技能培训的青壮年劳动力。

（一）新型职业农民培育

以从事农业生产、经营和服务的贫困劳动力为重点对象，围绕种植、养殖、农产品加工等重点产业，开展生产经营型、专业技能型和社会服务型等新型职业农民培育，并开展政策扶持与跟踪服务。每年培训0.3万人次，累计培训1.5万人次。

2016年，为做好帮扶工作，县科协积极发挥科普在产业扶贫中的引领作用，在龙岗村分别举办科学养猪、养牛、种桑养蚕等实用技术培训班，发放科普知识手册，将科技服务送到龙岗村以增强贫困群众自我发展本领，拓宽脱贫渠道，提高致富能力，助力精准脱贫。

2016年4月27日，马山县科协组织农林局的专家深入加方乡龙岗村进行养殖技术培训。龙岗村干部、贫困户、养殖大户等近80人参加培训班。技术培训人员从山羊、生猪、牛、里当鸡等当地群众养殖项目入手，更以当地方言，通俗易懂地给农民群众讲解养殖的技术要领，并现场解答了群众提出的在养殖过程中存在的各类问题，受到了群众的热烈欢迎。

图 4-7　龙岗村养殖技术培训班

（来源于"龙岗网事"微信公众号，2018 年 10 月）

2016 年，县科协积极争取项目资金，为结对帮扶的 27 户贫困户每户提供 1000 元的帮扶资金，用于扶持贫困户发展养殖业、增加收入，同时带动其他贫困户致富。

2018 年龙岗村共举办了种桑养蚕、砂糖橘种植、彩灯手工制作等培训共 7 场，培训达 500 多人次，帮助农户掌握合适的劳动就业技能，提高素质，增强就业竞争力。同时，先后引导后盾单位和爱心企业到村开展"扶贫、扶志、扶智"活动，结对帮扶龙岗村的贫困学生，在生活上给予资助，在精神上予以鼓励。

（二）职业培训

以培训实用性为目标导向，采取系统培训与短期培训相结合、基地培训与现场培训相结合、请进来讲与走出去学相结合等灵活多样的方式实施培训。将贫困人口纳入职业培训补贴对象范围并按规定申领职业培训补贴，培训合格学员经培训机构介绍实现就业，签订就业合同一年以上的，可按规定给予职业介绍补贴。所需资金由当地人民政府从就业专项资金中统筹安排，自治区加大对贫困地区就业资金的扶持力度。培训后获得网上可查证的"国家职业资格证书"的全区农村建档立卡扶贫对象实行以奖代补，给予一次性补助（每人只享受一次），所需资金从财政专项扶贫资金中安排。

2016 年 10 月 20 日，龙岗村首期创业培训班在村委二楼顺利开班。南宁市国奥职业学校校长廖景南引用两个具体的实例来说明之前创业培训取得的实实在在的效果，这两个事例发生在相邻的乡镇。案例一是 2016 年 5 月国奥职业学校在古寨乡本立村举办了创业培训班。在培训期间廖校长利用空余时间跟随部分学员、驻村第一书记、村支书一起爬山找洞挖掘当地资源，并动员指导学员成功创办了马山县最大合作社——马山县地王种养合作社（219 名股东）。案例二是 2016 年 6 月在古今村也开办了创业培训班。贫困学员蓝程云、韦家英在廖校长的指导下结合自身优势建设了 600 多平方米黑山羊保种基地并成立了黑山羊保种养殖专业合作社。

图 4-8　在龙岗村举办的南宁市国奥职业技术培训班
（来源于"龙岗网事"微信公众号，2018 年 10 月）

（三）职业技能学历教育

以贫困户"两后生"为主要对象，通过中等职业学校和技工学校学历教育，培养持有中等职业教育学历证书和国家职业资格证书的"双证"型技术技能人才，其中接受全日制学历教育的学生按规定享受国家、自治区中等职业教育免学费和助学金政策。

（四）"雨露计划"扶贫培训

2016年颁布实施《关于做好2016年雨露计划扶贫培训工作的通知》（桂扶领办发〔2016〕20号）、《南宁市2016年雨露计划扶贫培训工作方案》（南扶办发〔2016〕15号）和《马山县2016年雨露计划扶贫培训工作方案》（马扶字〔2016〕8号）。全面落实贫困户子女参加本科及职业学历教育补助政策，资助贫困户劳动力接受短期技能培训，实行应补尽补、精准补助；开展短期技能培训以奖代补，对自主参加扶贫部门以外的单位举办的短期技能培训，获得国家承认并可在网上查证职业资格证、上岗证的农村建档立卡扶贫对象实行以奖代补，给予一次性补助（见表4-2）；组织实施扶贫创业致富带头人培训工程；积极开展农民实用技术培训，创新培训模式，提高培训实效。所需资金从财政专项扶贫资金中安排。

表4-2 "雨露计划"短期技能培训类型、条件和补助标准

培训类型	申请扶贫培训补助的具体条件	扶贫培训补助标准
短期技能培训	16~60周岁、有劳动能力的建档立卡贫困户劳动力参加扶贫部门主办的短期技能培训	扶贫部门按每人每期3000元的标准结算培训经费给培训机构，以考取职业资格证的学员数为准。培训误工费补助按30元／（人·天）计发，由培训机构发给获得职业资格证书的学员

培训类型	申请扶贫培训补助的具体条件	扶贫培训补助标准
短期技能培训	自主参加扶贫部门以外的单位主办的技能培训并考取可在网上查证职业资格证的建档立卡贫困户劳动力	一次性奖励800元/人

南宁市欣美职业培训学校到马山县加方乡龙岗村举办2016年"雨露计划"农民工短期技能培训,培训内容为家政服务。该村下元屯蒙霜珍等69人参加培训。2016年以来龙岗村共举办了砂糖橘、种桑养蚕、养殖黑山羊、创业等培训共6场。2018年龙岗村实施"雨露计划"教育培训工程,落实各类教育补助政策,通过"小手拉大手"激发贫困户脱贫致富的内生动力。

第二节 住有所居

一 易地扶贫搬迁

易地扶贫搬迁主要是解决"一方水土养不起一方人"地区贫困人口的脱贫问题。广西对易地扶贫搬迁实行差异化建(购)房补助。自治区相关文件规定,根据贫困程度将全区分为一、二、三类地区，建档立卡贫困人口人均住房基准补助标准分别不低于 2.4 万元、2.1 万元、1.9 万元。同时，在不低于基准补助标准下给各县留下弹性空间，自主确定基准补助标准，并将搬迁对象按一般贫困、中等贫困、特别贫困、极端贫困四种情形自主进行分档补助。鼓励旧房拆除、复垦，政府筹措资金给予每户 2 万元奖励。按照"保障基本"原则，划定人均住房建设面积不超过 25 平方米、户均宅基地占地面积不超过 80 平方米的政策红线。

项目县根据建档立卡搬迁对象贫困程度确定到人到户补助标准：各县在确定本县基准补助标准基础上，以精准识别划定的建档立卡贫困户分数线为基准，将搬迁对象按一般贫困、中等贫困、特别贫困、极端贫困四种情形进行分档补助，上下档之间补助标准差别控制在 0.2 万元以内。边境 0~3 公里范围内的搬迁对象，在相应档次补助标准基础上每人增加 0.2 万元；属于人口较少民族的搬迁对象，在相应档次补助标准基础上每人增加 0.1 万元；按照上述原则补助后，实际补助金额不得高于控制面积内（搬迁户人均住房面积不超过 25 平方米）的实际建（购）房成本。

2016 年自治区建立了区、市、县、乡、村、屯六级联动机制，对 635 万人、5000 个贫困村、6.94 万个自然村（屯）、2.46 万个移民搬迁村（屯）进行了精准识别建档立卡，成为全国先进典型。

2016 年以来，自治区以"十三五"扶贫开发 75 个贫困村为主战场，以贫困农户为主要对象，以项目建设为抓手，强化措施，整合资源，加大投入潜力实施精准扶贫，其中易地扶贫搬迁项目是精准脱贫"七个一批"的重要措施之一，未来 3 年将通过易地搬迁脱贫一批贫困户。

马山县计划搬迁 38648 人，其中建档立卡贫困对象为 35443 人。[①] 为确保搬迁群众"搬得出、留得住、有出路"，马山县出台了《马山县易地扶贫搬迁支持精准脱贫实施方案》《马山县 2016 年扶贫移民搬迁工程实施方案》，《马山县集体土地征收奖补暂行办法》，从源头上加快易地扶贫搬迁工作推进。

2016 年自治区下达给马山县易地扶贫搬迁 8 个项目，涉及搬迁人口 20727 人，其中建档立卡户 18590 人。2017 年初自治区下达给马山县易地扶贫搬迁 7 个项目，涉及搬迁人口 17921 人，其中建档立卡

---

① 2016 年全县已支付征地补偿款 11876 万元，累计完成投资 5243.13 万元。全县累计资金到位 110813.092 万元。

户 16853 人，至此，自治区分配给马山县"十三五"期间搬迁 38648 人（其中建档立卡贫困户 35443 人）的任务已全部下达。

2016 年安置点落实建设用地 3268 亩，到位资金 12.12 亿元，其中中央预算内投资 1.41 亿元，区、市专项配套资金 0.37 亿元，承接专项融资 10.34 亿元（见图 4-9）。

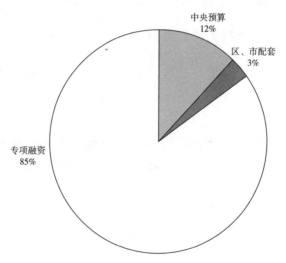

图 4-9　2016 年 1 月至 2017 年 5 月马山县易地扶贫搬迁资金来源

2017 年 3 月，国家发改委视察广西壮族自治区移民扶贫搬迁工作，发现了六大问题，要求集中整治建档立卡搬迁对象范围扩大、住房面积超标、搬迁户自筹标准过高、易地扶贫搬迁专项资金用于安置点征地、搬迁户旧房拆除等突出问题。

2017年4月，马山县召开重新核查搬迁对象搬迁意愿的动员会和培训会，部署以村为单位、逐户过关的方式，重点对三类群体进行摸底，分别为：一是2015年底经过精准识别、现符合搬迁条件并有搬迁意愿的建档立卡贫困户；二是10户及以下的自然村屯及目前有整村整屯搬迁意向的所有农户；三是2013年到2016年已搬迁的所有农户。目前组织工作队进村入户开展核查工作，待村级汇总以后，对符合的对象进行两级公示，再由乡镇汇总上报县专责组。

贫困户申请退出宅基地需要提交的材料

1. 自愿退出宅基地申请表（申请表格式由各地自定）；

2. 宅基地土地使用权证和房产证（或宅基地及房产登记的不动产权证）的复印件，或乡镇政府、街道办事处出具的宅基地使用情况证明；

3. 家庭户口簿及其他家庭成员身份证明材料；

4. 村集体经济组织同意退出宅基地的书面意见；

5. 另有合法稳定住所的证明材料（选择不再申请

宅基地的提供）；

6.不再申请宅基地保证书（选择不再申请宅基地的提供）；

7.乡镇政府、街道办事处认为应该提供的其他材料。

退出宅基地补偿及地上附着的建、构筑物补偿。申请经县级人民政府批准后由县级人民政府主管部门10个工作日内发放退出宅基地补偿的50%，待贫困户完成搬迁交付宅基地及地上附着的建、构筑物后10个工作日内发放剩余的50%和地上附着物补偿。

宅基地复垦补助。由国土资源部门验收合格后10个工作日内由县级人民政府主管部门发放。

退出的宅基地使用权及房屋所有权归村集体经济组织所有，原贫困户宅基地土地及房产登记的权证依法予以注销。宅基地复垦后的农用地同样归村集体经济组织所有。

补偿资金由县级人民政府通过统筹自治区、市、县财政安排的易地扶贫搬迁补助资金和增减挂钩收益予以解决;33个国家扶贫开发工作重点县和滇黔桂石漠化片区县（市、区）可通过统筹整合各级财政安排用于农业生产发展和农村基础设施建设等方面资金和增减挂钩收益予以解决。

截至 2017 年 5 月龙岗村有易地扶贫搬迁农户 72 户。主要分布在排里屯、排果屯、排献屯，三个屯易地扶贫搬迁户占龙岗村搬迁户的 34.7%（见表 4-3）。

表 4-3　2017 年龙岗村有易地扶贫搬迁农户分布

单位：户

岑朝屯	岑峒屯	地旁屯	地平屯	甘崩屯	古龙屯	加边屯	江旁屯
1	3	3	4	4	2	2	3
拉麻屯	拉友屯	龙来屯	排后屯	排果屯	排里屯	排连屯	排献屯
2	2	1	4	8	11	2	6
琴升屯	群一屯	上那屯	提念屯	下联屯	下那屯	下元屯	
2	2	4	1	1	3	1	

但由于易地扶贫搬迁的有关政策不断调整，引发的规划设计变更制约项目前期工作推进，加上项目建设资金缺口大、线杆迁移等问题，易地扶贫搬迁项目推进缓慢。

二　危房改造

为实现农村贫困人口"住房安全有保障"的要求，南宁市开展农村危房改造工程。到 2020 年底前，全面完成全市已建档农村危房改造任务。其中对危房改造建筑面积和危房改造补助标准都有明确规定（见表4-4）。

表4-4　农村危房改造补助标准

补助类别	补助对象	补助标准
农村危房改造补助	建档立卡贫困户，危房等级为B、C、D级中的一种，或为无房户	①危房拆除重建或新建的户均补助标准。中央和自治区本级补助户均23000元；市级配套户均补助标准为1500元，县级配套可根据县财力情况确定，原则上按户均补助标准2000元。各县应根据自治区的补助标准，以精准识别分数为基准，按极端贫困、特别贫困、中等贫困、一般贫困等4个等级制定具体的差异化补助标准，严禁平均或普惠等现象 ②列入维修加固的户均补助标准。由县级危改部门结合本县（市、区）实际制定分类补助标准，但最高补助标准不宜高出本县拆除重建或新建的农村危房改造户均补助的50%

危房改造按现行的最高档次补助标准每户不超过3.6万元。当前马山县农村建房均价750~800元/平方米，建一间60平方米的房子至少需要4.5万元，农户至少需自筹0.9万元，个别偏远山区户造价更高，特别困难户没有能力自筹解决建房资金不足部分，多年来一直没有实现危房改造。

南宁市对危房改造严控建筑面积，无自筹能力的危房户建筑面积控制在60平方米以内；4人及以下的家庭建筑面积控制在80平方米左右；5人或5人以上的家庭人均建筑面积严控在18平方米以内；修缮加固危房户不受面积控制。同时，整合各类农村危房改造资金，提高补助标准，实行差异化扶持。以精准识别结果划定的建档立卡贫困户分数为基准，将危房改造对象原则上按极端贫困、特别贫困、中等贫困、一般贫困四种类型，分别给予每户3.6万元、3.0万元、2.4万元和1.8万元以上补助。全拆重建的给予全额补助，修缮加固的按维修程度进行补助，最高给予60%补助。精准脱贫建档立卡农户危房改造户均补助标准为2.15万元。

马山县是南宁市每年危房改造的优先保证县之一。[①]2015年马山县发放农村危房改造财政补助资金7697.63万元，共惠及农户4000户。

据了解，2015年自治区下达马山县农村危房改造任务是4000户，下达中央、自治区、南宁市农村危房改造专项资金6880万元，县财政配套800万元，累计到位资金7680万元。[②]2015年危房改造财政补助分六个档次，一档为五保户、孤儿户，共116户，补助2.7万元，同比增加4000元；二档为计生

---

① 每年的危房改造任务优先保证上林县、马山县、隆安县和邕宁区的贫困村。
② 任务下达后，该县及时将任务分解到各乡镇，乡镇通过农户申请、村委民主评议和公示、乡镇审核等程序确定补助对象，并报县危改办备案。

困难和军属户，共 122 户，补助 2.5 万元，同比增加 5000 元；三档为残疾人户，共 253 户，补助 2.3 万元，同比增加 5000 元；四档为低保户，共 484 户，补助 2.1 万元，同比减少 2000 元；五档为一般贫困户，共 2971 户，补助 1.83 万元，同比增加 300 元；六档为改建 5 户，补助 1 万元，共 49 户，补助 0.8 万元。2018 年龙岗村实施并完成 18 户危房改造。

三 提升基础设施

农村基础设施是直接制约整个农村经济的发展命脉，是直接关乎农村是否能充分享受现代文明、直接影响农村生活条件及生活质量的提高、促进农村生活方式和思想观念改变的关键因素。

对照"十一有"标准，2017 年马山县 11 个脱贫村需要补齐的基础设施短板涉及道路建设、饮水工程、危房改造、供电、公共服务设施、广播电视六大内容，共有项目 261 个，总投资 3101.49 万元，覆盖 9160 户 39760 人，其中贫困户 1402 户 5544 人。

针对龙岗村路不通、饮水困难、公共服务设施和信息化建设落后等难题，在上一任第一书记带领下，该村通过各方力量筹集 771.2 万元资金进行完善。主要实施的项目有：一是投入 352.2 万元完成排果、排连、江旁、拉刮等 9 个屯 11.7 公里屯级道路硬化，投入 176 万元修通地旁至地平 3.2 公里的砂石路；二是投入 66 万元完善村委公共服务中心，新建村委办公楼 200 平方米，新建老年人活动室 70 平方米；三是投入 10 万元（其中 2.5 万元为社会爱心人士捐助）完成教学点围墙及学生食堂建设，增加短缺的课桌及学生娱乐设施；四是投入 10 万元建设龙岗村门楼及宣传栏；五是争取市民政局 1.46 万元在村委安装了 5 盏太阳能路灯；六是投入 2 万元注册及完善"龙岗网事"微信公众号并出台龙岗村新闻信息奖补办法，扩大社会各界对龙岗村扶贫工作的关注，争取更多资金投入龙岗村扶贫攻坚中来，共发布 35 条新闻信息，其中有 12 条新闻信息上了马山县扶贫攻坚工作简报。

此外，2015~2017 年龙岗村利用专项资金硬化道路 14.25 公里，修建岑垌屯至地平屯砂石路 4.28 公里，解决了 12 个村民小组反映的道路出行难的问题。新建水池 6 个，解决了 138 户 621 人饮水难问题。共有 39 户享受危房改造，不断完善的基础设施为推动产业快速发展打下坚实的基础。

2018年现任第一书记驻村以来，带领村民大力实施乡村振兴战略，重点实施民生工程，在此期间，共争取资金支持达567.66万元（其中公益类资金84.88万元，建设性资金322.78万元）用于推进水、电、路、网等基础设施建设，使村容村貌得到极大改善：一是先后向南宁威宁集团和广西中烟等企业争取67万元建设资金，加快扶贫车间发展；二是与县水利部门对接，争取项目资金280多万元，修建了9个300立方米蓄水池，受益人口569人；三是争取资金91.18万元修建了两公里砂石路，解决出行难问题，受益人口97人；四是完成排后屯、上那屯和下那屯巷道硬化550米，受益人口123人；五是向自治区住建部门争取25万元资金，在偏僻昏暗的路段安装太阳能路灯，方便673名村民安全出行；六是积极解决住房难题，完成危房改造8户18人，补助资金46.4万元；七是修建岑垌、古龙、拉友、拉朝等屯机耕路1000多米，沟渠1000多米，有效保护耕地320.37亩，受益人口达512人。与此同时，还获得社会捐赠资金43.1万元，物资价值6.78万元用于改善群众生产生活、村容村貌，使村民有更多的获得感、幸福感、安全感。

第三节 弱有所扶

马山县在南宁市率先出台脱贫攻坚激励机制——《马山县脱贫摘帽激励办法（试行）》，马山县政府每年安排5000多万元用于脱贫摘帽激励，对自治区激励办法中没有涉及的乡镇和非贫困村也给予奖励，对于脱贫攻坚期内贫困人口发生率稳定控制在3%以内的非贫困村，按攻坚期内累计脱贫人口15元/人加5万元/村奖励村委；对如期或提前完成脱贫摘帽任务的贫困户，在自治区给予奖励的基础上，马山县还给予一定数额的奖励，鼓励贫困户克服"等、靠、要"的思想，通过自身努力实现脱贫，变"要我脱贫"为"我要脱贫"。激励办法还把脱贫摘帽工作成效列入当年机关绩效绩优绩差考评，把脱贫攻坚实绩作为乡（镇）、相关单位和相关责任人综合考核评价、选拔任用、评先评优和监督约束的重要依据。

一 金融支持

给予贫困户小额贷款。针对贫困户生产发展缺乏资金的问题，马山县 2016 年以来推出了贫困户评级授信制度，将贫困户评级授信与小额信贷有机结合起来，及时解决了贫困户生产发展的燃眉之急。截至 2016 年 6 月 9 日，马山县符合小额信贷条件的 1.856 万户贫困户已 100% 完成评级授信，授信金额达 6.13 亿元。此外，马山县还推出了"致富贷"，根据贫困户的授信等级发放的信贷额度最高达到 5 万元。截至 2017 年 5 月，该县已累计发放扶贫小额信贷 2.03 亿元，进一步拓宽了 4600 多户贫困户脱贫致富的资金渠道。

二　兜底保障

通过集中开展基本生活救助、专项救助以及社会互助活动，逐步完善社会救助体系。2016 年广西壮族自治区在全国率先出台加快推进农村低保制度与扶贫开发政策有效衔接文件，通过核查比对，将无劳动能力、因残因病致贫、符合低保条件的 155 万建档立卡贫困人口纳入低保范围。2017 年 8 月底马山县在册的农村低保对象 9903 户 31477 人，其中属于扶贫建档立卡对象为 7760 户 28740 人，农村低保对象与扶贫建档立卡对象的重合率为 90.35%。

表 4-5 民政补贴（低保金和养老金）

补贴类型	补贴对象	补贴标准
低保金	家庭人均纯收入低于当地最低生活保障标准，且家庭财产符合条件的农村居民	广西低保实行分档救助，低保对象根据家庭困难程度分成 A、B、C 三档进行救助。一是完全丧失劳动能力或生活自理能力，家庭生活常年陷入困难的特别困难家庭，列为重点保障户（A）；二是因年老、残疾、患重大疾病或者长期慢性病等原因，部分丧失劳动能力或生活自理能力，家庭人均纯收入低于当地低保标准且家庭财产符合有关规定的比较困难家庭，列为基本保障户（B）；三是因其他原因造成家庭人均纯收入低于当地保障标准且家庭财产符合有关规定的一般困难家庭，列为一般保障户（C）
政府对城乡居民基本养老保险参保人员发放的基础养老金	年满 60 周岁，符合领取城乡居民基本养老保险待遇条件的参保人员	政府对符合领取城乡居民基本养老保险待遇条件的参保人员发放基础养老金，2016 年基础养老金最低标准为每月 90 元
政府对城乡居民基本养老保险参保人员缴费给予的补贴	城乡居民基本养老保险参保人员	政府对 100~800 元缴费档次分别按每人每年 30 元、40 元、50 元、55 元、60 元、65 元、70 元、75 元进行补贴，对 900~2000 元缴费档次统一按每人每年 80 元进行补贴
政府为城乡居民基本养老保险缴费困难群体代缴部分或全部最低标准的养老保险	城乡居民基本养老保险参保人员中五类困难人员	①城乡重度残疾人、城乡贫困残疾人、城镇三无人员、农村五保供养对象由政府代缴养老保险费 100 元②城乡低保对象由政府代缴养老保险费 50 元
高龄补贴	80 周岁以上	具体发放标准由各市、县（区）人民政府根据本地经济发展水平情况制定
临时救助	遭遇突发事件、意外伤害、重大疾病或其他特殊原因导致基本生活陷入困境，其他社会救助制度暂时无法覆盖或救助之后基本生活暂时仍有严重困难的家庭或个人	（1）家庭对象最高救助标准①最低生活保障家庭，最高标准按人均不高于当地城市最低生活保障月标准的 400% 确定②非最低生活保障家庭，最高标准按人均不高于当地城市最低生活保障月标准的 300% 确定（2）个人对象最高救助标准①最低生活保障对象，最高标准按不高于当地城市最低生活保障月标准的 500% 确定②非最低生活保障对象，最高标准按不高于当地城市最低生活保障月标准的 400% 确定（3）特困供养人员最高救助标准特困供养人员，临时救助以 1 人为单位计发；按不高于其所享受月供养金的 500% 确定，但供养金低于当地城市最低生活保障标准的，遭遇困难程度最重的临时救助标准可按不高于当地城市最低生活保障月标准的 500% 确定。对符合条件的救助对象，可采取发放救助金、实物救助和转介服务三种方式

2017 年龙岗村有低保户 78 户，主要是丧失劳动能力的农户，低保户年龄主要集中在 60~75 岁。2018 年龙岗村加大实施医疗救助力度，对贫困户家庭成员有重大疾病的，及时了解病情，及时帮助接受治疗，协助申请医疗救助，基本医疗保险实现全覆盖。

三 社会帮扶

在两任第一书记的努力下，通过积极对接，龙岗村争取到社会各界大力支持，通过"慈善助医""慈善助学""春节情暖进万家"等慈善活动帮助龙岗村解决了部分群众看病难、上学难的问题。

百年大计，教育为本。2016 年 7 月广西财经学院将龙岗村发展为"三下乡"活动基地。每年来龙岗村调研，更是为龙岗村的教学点送来爱心。同时，长期结对帮扶龙岗村的贫困学生们，生活上资助，精神上鼓励。此外，社会各界还经常到学校进行慰问，赠送玩具、书籍，关心孩子们的健康成长。2017 年中国中铁隧道集团四处有限公司南宁地铁青秀山站项目部青年文明号集体，带着新购置的一批篮球、羽毛球拍、乒乓球、跳绳、文具套装等学习文具和体育用品，来到龙岗村小学开展慰问活动。慰问活动中，青秀山站项目部青年职工为孩子们上课，与孩子们进行互动交流，了解孩子们的日常生活、学习情况，还与孩子们开展课间游戏，鼓励孩子们好好学习、天天向上。同时有爱心人士对每位上大学有困难的学生资助2000元，并一直资助到毕业为止。

2017年，有爱心人士为全村贫困户安装上了节能灯，一户每年可节约500~800元电费；还有爱心人士对全村困难的空巢老人捐助300~900元不等。2017年3月，广西无界慈爱基金会向龙岗村捐赠了63台32寸电视机，为龙岗村全面解决了无电视看的问题。2017年4月，华中科技大学向受火灾户捐赠了6000元重建家园；南宁市慈善总会向龙岗村227户每户捐赠了两双鞋子以解决贫困户无鞋子穿的问题。

四 结对 + 对口帮扶

2017年，县科学技术协会对其结对帮扶的27户贫困户每户资助1000元扶持生产。第一任第一书记所在单位市民政局经常到村里来调研扶贫工作并慰问困难党员和贫困户，2016年慰问品及慰问资金共计达43360元。2017年3月南宁市民政局携同南宁市殡葬服务管理处共捐赠了47900元，购买一批树苗种植在村委附近道路两旁，进一步打造宜居龙岗。2018年现任第一书记所在单位伸出援手，有力推动了龙岗村的发展建设。南宁市副市长、市公安局局长秦运彪等后盾单位领导带队到村入户慰问贫困户、开展实地调研并召开座谈会，为村脱贫攻坚工作出谋划策、审定方案、引进项目；青秀公安分局为龙岗小学捐赠了国旗杆、校服、电脑、电视等一批价值3.6万元的教学用品，捐资3.8万元修建扶贫车间，主动协调争取自治区财政25万元太阳能路灯修建资金，解决了村民早晚出行难问题。

2019年南宁威宁集团、广西捷佳润科技有限公司与村结对帮扶，重点支持村的产业和集体经济发展。威宁集团已为贫困户垫支桑苗款10万元，助推桑蚕产业发展，并捐赠42万元修建扶贫车间；捷佳润公司捐助2万元装修扶贫分车间。翰林公司支持村篮球场建设5万元，爱心人士捐资助学2万元、爱心慰问1.3万元、公共浴室建设0.8万元。爱心人士捐赠旱藕种苗、农肥2.8万元。截至2019年4月，南宁威宁集团、广西中烟集团等企业及南宁市公安局、青秀公安分局等捐赠对口帮扶资金90多万元，让龙岗村用于"扶贫车间、扶志超市、扶智课堂"综合中心的打造和"贷牛还牛"产业的发展。

图4-10　2019年扶智课堂开课实况

（来源于《南宁日报》，2019年10月30日）

第四节　病有所医

　　广西实施精准健康扶贫工程，为贫困人口建立起基本医保、大病保险、补充保险、医疗救助"四道医疗保障线"。

表 4-6 医疗卫生补贴

补贴类型	补贴对象	补贴标准
财政扶持参加新农合个人缴费补助	农村贫困人口	参加新农合个人缴费部分补助60%，即72元/年
	0~20公里边境农村居民	参加新农合个人缴费部分给予全额补助，即120元/年
	农村计划生育"独生子女、依法生育的双女结扎户、计划生育特殊家庭"	参加新农合个人缴费部分给予全额补助，即120元/年
贫困严重精神障碍患者治疗补助	贫困严重精神障碍患者（在各地分配名额之内）	贫困严重精神障碍患者提供治疗补助，最高补助1600元/（人·年）
新农合参合人员住院倾斜补助	农村贫困人口	新农合大病报销比例不低于53%

2017年马山县城乡居民基本医疗保险参保514485人，完成全年目标任务525800人的97.85%；建档立卡贫困人口94366人，参保94021人，参保率为99.9%。对建档立卡贫困人口住院实行"先诊疗、后付费"，有效解决贫困人口住院筹资难的问题；落实助残政策，发放重度残疾人护理补贴，实施残疾人家庭无障碍改造项目，对44户残疾人家庭进行无障碍改造，每户补助4000元。

第五节 幼有所育

解决贫困户子女教育困难是改善贫困户生产生活

条件最有效的措施之一。

一是狠抓教育基础设施建设，不断改善贫困村学校办学条件。2015年，马山县首次设立3000万元教育发展专项资金，向上级争取资金1.8亿元，中小学的基础设施得到进一步完善，学校设备、装备配备更加齐全。2016年投入14347万元，实施教育项目单体工程84个；投入440多万元，实施学校墙面"黑改白"、运动场改造等项目；投入1243万元补足教学仪器、设备、图书等缺口。二是健全贫困生档案。对全县15981名家庭贫困生建立"一生一档一证"。三是实施义务教育学校营养改善计划，发放中小学校车奖补资金73.65万元。四是建立县直优质学校与乡镇学校结对帮扶工作机制。落实支援学校8所，受援学校18所，共开展学校管理帮扶、教育教学帮扶、教师专业发展帮扶、校园文化建设帮扶和办学条件帮扶5方面内容，逐步缩小城乡、校际办学差距，促进全县教育科学均衡发展。五是扎实实施"雨露计划"。近年来马山县教育局将脱贫攻坚与义务教育均衡发展深度融合。2015年以来切块到县财政投入"雨露计划"专项扶贫资金520万元，给予1141名2015级本科和中高职一、二年级学生补助，体现了"雨露计划"应补尽补、优先安排的原则。2016年切块到县财政投入"雨露计划"专项扶贫资金500万元，给予贫困户子女本科和中高职一、二年级学生补助，做好对贫困户子女就读初三、高三的调查、跟踪帮扶工作。统一制作宣传资料由帮扶干部根据所帮扶户子女的受教育情况，有针对性地入户进行宣传，保证每一位符合条件的贫困学子不被遗漏。按照"广摸排、严把关"的原则，详细了解建档立卡贫困户子女的实际情况、家庭住址以及联系方式，并对其年龄、受教育程度等情况进行登记和梳理，确保贫困户子女基本情况真实、准确。按照"公平、公正、公开"的原则，对申请资助学生规范操作、严格审核，确保把真正困难的贫困学生选出来，把符合救助条件的贫困学生纳入，让"雨露计划"助学资金运用到最需要帮助、最应该帮助的学生身上（见表4-7和表4-8）。六是积极争取社会帮扶。引导后盾单位和爱心企业到村开展"扶贫、扶志、扶智"活动，结对帮扶龙岗村的贫困学生，在生活上给予资助、在精神上予以鼓励。

表4-7 "雨露计划"培训类型、条件和补助标准

培训类型	申请扶贫培训补助的具体条件	扶贫培训补助标准
普通高校本科学历教育	"雨露计划"补助对象中，2017年参加普通高校本科学历教育并取得全日制学籍的新生	一次性补助5000元/生
职业学历教育	"雨露计划"补助对象中，参加中、高等职业学历教育的学生	每学期补助1500元/生
扶贫巾帼励志班	"雨露计划"补助对象中，就读于广西右江民族商业学校扶贫巾帼励志班的女学生	每学期补助2000元/生
"两广"对口帮扶职业教育协作广东招生培养模式试点	"雨露计划"补助对象中，就读于"两广"协作院校的学生	广西按每学期1500元/生标准补助；广东按3000元/生每学年的标准补助一、二年级
广东碧桂园职业学院合作项目	"雨露计划"补助对象中，就读于广东碧桂园职业学院的学生	在享受广东碧桂园职业学院全额资助学费、教材费、食宿费、服装费、床上用品费、学习用品费并补助寒暑假探亲往返路费的同时，享受广西"雨露计划"补助

表4-8 教育培训补贴

补贴类型	补贴对象	补贴标准
"两后生"职业培训专项计划（中期就业技能培训）	以建档立卡贫困家庭中，年龄15至22周岁，未婚，未继续升学（含退学、辍学）的初中、高中毕业后（简称"两后生"）为重点，包括所有贫困家庭子女和农村转移就业劳动力	参加技工院校结对帮扶贫困家庭"两后生"职业培训专项计划，为期一个学年（10个月）的中期就业技能培训，符合条件的，按规定给予每名学员补贴1.2万元；参加为期2个月以内的短期就业技能培训，符合条件的，按规定给予每名学员补贴720~1500元；参加为期70个学时的创业培训，符合条件的，按规定给予每名学员补贴780~1300元

补贴类型	补贴对象	补贴标准
农村家庭经济困难寄宿生生活补助	从2017年起，在全区义务教育阶段寄宿制学校（含城市、民办）就读的家庭经济困难寄宿生	小学生每年每人补助1000元，初中生每人每年补助1250元
农村义务教育学生营养改善计划膳食补助资金	义务教育营养改善计划试点县农村义务教育学校在校学生（不含县城）	每生每年补助800元
中等职业学校国家助学金	中等职业学校全日制正式学籍一、二年级在校就读的涉农专业学生，具有集中连片特困地区农村户籍学生和非涉农专业家庭经济困难的学生	平均每生每年补助2000元
高等学校国家助学金	全日制普通高校家庭经济困难的本专科（含高职、第二学士学位）在校学生	平均每生每年3000元，其中一等国家助学金每生每年4000元，二等国家助学金每生每年2000元
普通高中国家助学金	具有正式注册学籍的普通高中家庭经济困难并已建立高中家庭经济困难档案的在校1~3年级学生	平均每生每年2000元，其中一等国家助学金每生每年3500元，二等国家助学金每生每年1000元
家庭经济困难大学新生入学补助	已进入普通高中家庭经济困难学生档案库，参加普通高考，已获得高校录取并愿意就读的大学新生	区内院校录取的贫困新生每生一次性补助500元，区外院校录取的贫困新生每生一次性补助1000元

第五章

龙岗村扶贫效果评价

经过不懈的扶贫探索，龙岗村整体发展环境、发展基础、特色资源等得到稳步发展和提升，贫困户生活水平有了实质的改善。但贫困人口基数大、自然资源匮乏，加之多民族聚居，扶贫工程任务依然艰巨。

第一节 贫困户脱贫摘帽标准及程序

切实加强贫困户的甄别力度，严格落实《自治区人民政府办公厅关于精准识别贫困户贫困村有关问题的补充通知》（厅发〔2015〕30号）精神，按照"动员培训、入户核查认定、行政村评议、乡镇审核公示、县级审定公告、系统标识和档案管理"七个步骤和规定的程序，对照"八有一超"亲核亲算，扎实开展脱贫"双认定"工作。

一 贫困户脱贫摘帽标准

贫困户脱贫摘帽标准按照"八有一超"标准执行。"八有"指有收入来源、有住房保障、有基本医疗保障、有义务教育保障、有路通村屯、有饮用水、有电用、有电视看；"一超"指年人均纯收入超过国家扶贫标准。

一有稳定收入来源且吃穿不愁。①有稳定收入来源。有劳动能力的家庭，具备下列条件之一即可：人均水田0.5亩以上（含），或人均旱地1亩以上（含），或人均经济林地1.5亩以上（含），或人均山林地5亩以上（含），通过耕作或流转获得稳定的收入；有经营场地（铺面）等，获得稳定的资产性收入；养殖有一定规模，获得稳定的收入；有家庭成员外出务工累计半年以上或自主创业，获得稳定的收入；有其他稳定的收入。完全或部分丧失劳动能力、生活自理能力的家庭，享受农村低保政策（获得 A 类或 B 类低保金），有最低生活保障，视为有稳定的收入。②不愁吃不愁穿。通过生产经营或购买获得主粮、副食、衣物，能满足日常生活需求。

二有住房保障。①有钢混、砖混、砖木、土木或木质结构的住房，房屋主体稳固安全（按照《广西壮族自治区农村危房评定技术导则（试行）》评定，达到房屋安全 A、B 级标准，下同），人均建筑面积 13 平方米以上（含）（包括厅堂、厨房、卫生间等生活用房面积，下同），属新建住房（含危旧房改造）的，达到入住基本条件（安装好门、窗等）。②易地扶贫搬迁户，属集中安置的，房屋质量合格并达到入住基本条件（安装好水、电、门、窗等），且已正式交付钥匙；属分散安置的，房屋质量合格并已搬迁入住。

三有基本医疗保障。①家庭成员参加当年城乡居民基本医疗保险（含大病保险）或商业保险等。②患病（含慢性病、地方病等大病）就医能得到有效治疗，医疗费在政策规定范围内能得到补助报销，能看得上病、看得起病。③享受到应得的医疗救助政策。

四有义务教育保障。家庭适龄儿童能接受义务教育且没有因经济困难原因辍学，享受到应得的教育扶贫政策。

五有安全饮水。通过打井，建水柜、水窖，饮用山泉水、自来水等方式解决饮水问题且达到安全用水标准。

六有路通村屯。①所在自然村（屯）属 20 户以上（含）的，有通砂石路以上（含）的路，路面宽度不小于 3.5 米，机动车能通行。②位于自然保护区范围内的道路建设按自然保护区相关规定执行。

七有电用。家中接通生活用电。

八有电视看。有电视机或电脑或智能手机，能收看中央和广西电视频道或上网，了解中央和自治区方针政策、新闻信息。

"一超"。年人均纯收入稳定超过国家扶贫标准。①家庭年人均纯收入稳定超过国家现行扶贫标准。②有劳动能力的贫困家庭，主要通过发展产业或就业增收脱贫。③完全或部分丧失劳动能力、生活自理能力的家庭，可将稳定获得的 A 类或 B 类低保金等转移性收入计入家庭纯收入。

二 贫困户脱贫摘帽认定程序

按照入户核验、村级评议、乡镇审核公示、县级审定公告、设区市和自治区备案五步程序进行。

第一步入户核验。乡镇人民政府组织脱贫摘帽核验工作队（由县乡干部、驻村第一书记、驻村工作队员组成，每组两人以上，下同），根据年初县扶贫开发领导小组下达的当年度本乡镇贫困户脱贫摘帽计划，按照规定的贫困户脱贫摘帽标准入户核验，帮扶联系人应在场。达到脱贫摘帽标准的，填写"贫困户脱贫摘帽'双认定'验收表"，经户主（或户主委托的家庭成员）、核验工作队员、帮扶联系人签名确认。核验工作队提出当年贫困户脱贫摘帽初选名单，并将初选名单及"贫困户脱贫摘帽'双认定'验收表"交村委会。

第二步村级评议。村"两委"组织召开村民代表会议，对贫困户脱贫摘帽初选名单逐户进行民主评议，提出当年贫困户脱贫摘帽村级初审名单，在"贫困户脱贫摘帽'双认定'验收表"上签署评议意见，将初审名单和"贫困户脱贫摘帽'双认定'验收表"报乡镇人民政府。

第三步乡镇审核公示。乡镇人民政府在各行政村村民活动较集中的地方,公示各村报送的初审名单,公示期3天。公示期内,村民如有异议可向乡镇人民政府反映,乡镇人民政府组织工作队员进行调查复核。公示无异议后,乡镇人民政府在"贫困户脱贫摘帽'双认定'验收表"上签署公示意见,将脱贫户公示名单和"贫困户脱贫摘帽'双认定'验收表"报县扶贫开发领导小组。

第四步县级审定公告。县扶贫开发领导小组对各乡镇上报的脱贫户公示名单,以及"贫困户脱贫摘帽'双认定'验收表"逐户逐项进行审核,必要时组织乡镇进行交叉抽验,确定贫困户脱贫摘帽名单,向各乡镇下发年度贫困户脱贫摘帽批复文件,在行政村公告贫困户脱贫摘帽名单。

第五步设区市和自治区备案。县扶贫开发领导小组及时将贫困户脱贫摘帽县级审定名单报设区市和自治区扶贫开发领导小组备案。

第二节　扶贫成效

在两任第一书记的带领下，通过生产扶贫、生活扶贫、公共服务扶贫、社会救助等一系列行之有效的措施，龙岗村脱贫攻坚取得了较好成效。

一　贫困发生率持续下降

2016 年龙岗村脱贫 57 户 235 人，贫困发生率降至 30.82%；2017 年脱贫 18 户 60 人，贫困发生率降至 27.44%；2018 年脱贫 58 户 211 人，广泛分布在 23 个屯，贫困发生率降至 15.32%；2019 年脱贫 71 户 219 人，贫困发生率降至 0.67%（见表 5-1 至表 5-5）。2019 年龙岗村脱贫摘帽。[①]

表5-1　龙岗村 2016~2019 年脱贫数据统计

脱贫年份	户数（户）	人数（人）	年底贫困发生率（%）	备注
2016	57	235	30.82	以当年脱贫数据计算
2017	18	60	27.44	
2018	58	211	15.32	
2019	71	219	0.67	

---

① 2019 年龙岗村扶贫工作开展情况（内部资料）。

表 5-2 2016 年龙岗村建档立卡脱贫人口情况一览

单位：人

自然屯	脱贫人口数	自然屯	脱贫人口数
岑垌屯	16	排后屯	29
地旁屯	6	排里屯	5
古龙屯	20	排连屯	8
江旁屯	12	排献屯	5
拉朝屯	19	琴升屯	4
拉刮屯	5	群二屯	7
拉麻屯	10	群一屯	4
拉湾屯	4	上那屯	10
拉友屯	20	提念屯	10
龙来屯	26	下那屯	8
排果屯	3	下元屯	3

表 5-3 2016 年龙岗村建档立卡脱贫人口分布情况一览

单位：个

项目	20 人以上	10~20 人	10 人以下
自然屯个数	4	6	12

表 5-4 2018 年龙岗村建档立卡脱贫人口情况一览

单位：户，人

自然屯	脱贫户数	人口数	自然屯	脱贫户数	人口数
岑垌屯	4	17	排后屯	1	1
地旁屯	3	12	排里屯	3	10
地平屯	5	18	排连屯	2	6
甘崩屯	2	7	排献屯	3	13
加边屯	1	4	琴升屯	1	7
江旁屯	1	4	群二屯	2	7
拉朝屯	1	4	群一屯	2	5
拉湾屯	2	8	上联屯	2	9
拉刮屯	1	4	上那屯	3	9
拉友屯	4	14	下联屯	3	11
龙来屯	2	7	排果屯	9	36
提念屯	1	3			

表 5-5　2018 年龙岗村建档立卡脱贫人口分布情况一览

单位：个

项目	20 人以上	10~20 人	10 人以下
自然屯个数	1	7	15

二　内生发展能力初步形成

　　龙岗村扶贫模式从救济式扶贫转变为开发式扶贫，扶贫产业项目在龙岗村落地生根。龙岗村首创的"三扶"综合中心，有效地激发贫困群众的积极性和主动性，增强脱贫致富的内生动力，形成脱贫致富有力引擎。"产业超市"创建后，与"三扶"综合中心相辅相成，融合发展，实现对未脱贫户特色产业的全覆盖。

　　种植桑树方面，已引领 34 户种植 136 亩（其中贫困户 30 户种植 124.5 亩），每亩每年收益 2000~3000 元。种牧草供应给本村龙盛养殖专业合作社，收益高，已引领 28 户种植 83 亩（其中贫困户 16 户种植 49 亩），每亩每年收益 1800~2600 元，龙盛养殖专业合作社存牛量稳步提升，合作社已发放 2018 年牧草钱款和补助共计 18.3 万元，对贫困户脱贫致富的作用持续增强。种旱藕方面，已引领 28 户种植 80 亩（其中贫困户 16 户种植 51 亩），每亩每年收益 2600~3300 元。养蚕方面，已引领 34 户（其中贫困户 30 户）养殖，养殖户自己种植桑叶养殖，每亩每年收益 8000~10000 元。由致富能人牵头成立养殖合作社，建设 800 平方米鸡舍，每年分两批饲养蛋鸡 2 万羽，实现卖蛋卖鸡双重收入，预计收入 10 万元左右，并吸纳贫困户以各种形式参股入股。

龙岗村"扶贫车间"的创办，吸引贫困户 25 人参与车间生产，不仅能让贫困户获得每人每月 1200~3500 元工资收入，而且可以就地安置富余劳动力，有效辐射带动了邻村及附近乡镇的劳动力参与生产。建成的扶贫车间新厂房预计可提供上百个就业岗位，将加速带动村民脱贫致富。

三 集体经济带动脱贫效果明显

集体经济由无到有，不断壮大。2017 年龙岗村在坚持不改变资金使用性质及用途的前提下，整合村集体经济发展资金 200 万元入股龙盛养殖专业合作社，按照"资金变股金、农民变股民"的新发展模式，确保入股后村集体经济发展资金每年获得不低于

8% 的分红。仅在投入当年就实现了不低于 16 万元的集体经济收入，村集体经济实现了从无到有的突破。2019 年龙岗村将扶持壮大村级集体经济项目资金 50 万元以入股的方式投入马山县月亮湖养殖专业合作社发展小龙虾养殖产业；整合第一书记专项帮扶经费 10 万元，入股马山县山山农业科技有限公司，从 2019 年起每年给村集体经济带来 0.6 万元的收入；整合产业发展资金 24 万元，入股马山县加方乡山琴种养专业合作社，从 2019 年起每年给村集体经济带来 1.44 万元的收入。到 2019 年，村集体经济收入达到 23 万元。村集体经济收入重点用于促进贫困户稳定增收的产业开发、配套的基础设施项目和撬动金融资金投入。

龙岗村作为自然资源极度匮乏地区，生产生活条件差，但脱贫效果显著，这得益于好的领导班子，能利用各级扶贫措施将扶贫资源精准、有效地送达贫困群体，并发挥精准、有效的脱贫效应。在《关于通报表扬全区脱贫攻坚好支书、脱贫攻坚好党员、脱贫攻坚优秀第一书记的决定》（桂组发〔2019〕16 号）文中，龙岗村第一书记陆治江同志荣获"全区脱贫攻坚优秀第一书记"，龙岗村党支部党员唐雪梅同志荣获"全区脱贫攻坚好党员"。龙岗村第一书记陆治江撰写的《予人希望的治贫方》在参加全国"我的驻村故事"征文活动中荣获"优秀奖",并当选为广西第十四届运动会火炬手。

第六章

龙岗村扶贫工作面临的问题

鉴于龙岗村贫困人口基数大、自然资源匮乏，加之多民族聚居，扶贫工作任务依然艰巨，特别是对照《马山县脱贫摘帽激励办法（试行）》计划，可以看到龙岗村 30 个自然屯中，63% 的自然屯户数在 20 户以下，这意味着龙岗村未来不在重点扶持范围内，也意味着在资金和项目上不会得到较大倾斜，龙岗村扶贫工作任重而道远。

第一节　贫困户的精准识别

"精准扶贫必须要实事求是地解决好'扶持谁'"，要防止不分具体情况，简单把所有扶贫措施同每一个贫困户挂钩。[①]

事实上，在 2015 年 8 月，审计署抽取了扶贫任务繁重的地区审计"精准扶贫""精准脱贫"在地方的落实情况时就发现，在贫困人口基数大，且近年来脱贫任务完成较好的马山县，有 3000 多名扶贫对象是"富人"，2014 年近 9% 的脱贫人数属于虚报。[②]据公布的数据，马山县认定的扶贫对象中，有 3119 人不符合扶贫建档立卡标准，其中有 343 人是财政供养人员，有 2454 人购买了汽车，43 人在县城购买商品房或自建住房，439 人为个体工商户或经营公司。一些收入超标准的人员瞒报收入，一些地方并未严格按照收入标准来认定贫困户，而是采用子女上学、生病等其他标准来认定，存在审核不到位等问题。此外，马山县为了完

①《决胜全面建成小康社会　夺取新时代中国特色社会主义伟大胜利》，《新华日报》2017 年 10 月 19 日。

② 2015 年 10 月广西南宁市马山县政府回应称，已于 9 月初对有关情况进行了初步核查，其中超过贫困线标准的 3048 人已全部暂停其享受扶贫政策。

成上级下达的扶贫任务，2014 年将人均纯收入低于国家农村扶贫标准 2736 元的 608 户 2272 人认定为脱贫户，占脱贫户数的 9.10%、脱贫人数的 8.90%。

2016 年以来自治区层面的易地扶贫搬迁政策不断调整，马山县已经多次开展易地扶贫搬迁对象精准识别和核查工作，但截至 2017 年 5 月，搬迁对象无法确定落实到项目点、到户、到人。从 2017 年 5 月 25 日起，马山县根据国家政策开展了新一轮对象勾选，但在实际操作中，因无相关配套的政策支持，碰到了一些问题，主要有以下四个方面。

一是在认定对象是否可享受异地扶贫搬迁政策时，没有具体的认定标准。对"一方水土不能养一方人""不具备基本生存和发展条件"等在认知和理解上有一定的偏差，搬迁对象难以全部达到精准勾选。二是有搬迁意愿的但又同时居住在一屋中的贫困户，无法分出宅基地的权属，是否能享受政策尚无法鉴别。三是就近安置或分散安置点因选址、用地及后续发展等涉及多方面，缺乏政策指导无法制定专项实施方案，当前落实此类安置方式比较难。四是对 20 户以下整屯搬迁有享受过危房改造的搬迁户，按政策要求，要原渠道退回危房改造补助资金后才能享受搬迁政策，但因操作流程缺少政策指导，如何退回资金、处置及再分配相关问题还没有明确，目前还无法操作。

当前精准扶贫体制机制还不健全，随着精准扶贫政策含金量不断提高，没有进入建档立卡的贫困农户享受不到相应的政策，实际生活水平反而低于其他贫困户；原来邻里之间和谐相处，现在因为建档立卡而渐生嫌隙，有的地方还引发矛盾，甚至上访。例如，按现行体制，马山县精准识别 72 分及以下的农户被确定为 2016 年贫困户，是马山县脱贫攻坚重点聚焦的群体，也是各类帮扶政策重点倾斜的群体。但现实情况是，识别得分 73~76 分的 2015 年脱贫户与 70 分左右的贫困户生活条件相差不大，但所获得的帮扶力度远远没有 72 分及以下贫困户大，这些边缘人员的思想动态需引起关注。同时，贫困村与非贫困村贫困人口实际获得的帮扶也有较大差异。

第二节　发展基础薄弱

《广西脱贫攻坚"十三五"规划》提出，到 2020

年，现行标准下广西农村 452 万建档立卡贫困人口实现脱贫，贫困发生率控制在 3% 以下；5000 个建档立卡贫困村有序摘帽，54 个贫困县全部摘帽。农村贫困人口年人均纯收入超过国家扶贫标准。而龙岗村属于大石山区，地形复杂，农户少，基础设施进入困难，2015 年贫困发生率在 44.25%，远高于自治区贫困发生率平均水平，贫困发生率高、发生面广、程度深。大石山区，脱贫难度大。

产业发展基础薄弱。龙岗村地处西部经济发展落后地区，2015 年以前村级集体经济收入为 0，村里无支柱产业，市场竞争力不足，贫困村脱贫摘帽难度大。大部分贫困地区发展产业缺耕地、缺水利、缺市场主体带动，不具备基本条件，贫困村尤其是深度贫困村缺乏当家产业；贫困村发展村集体经济支撑项目缺失，条件不具备，大部分贫困村集体经济发展难。同时产业处于起步阶段，资金技术相对缺乏，生产链还需进一步完善，产业发展的配套设施不齐全，对乡村经济发展的财政投入、政策支持和技术培训等方面的投入缺乏力度等影响产业发展的因素，使这些产业可吸纳的劳动力较少，尤其是对外出务工人员回乡发展的吸引力不强。

缺乏创业人才。劳动力外出务工是贫困地区脱贫的重要手段，地方政府为了提高劳动力转移水平，配合对劳动力转移人口技能培训，搭建劳动力供需平台，从而实现提高贫困户劳动收入。目前龙岗村缺乏创业人才，由于条件恶劣，人才外流，村里缺乏能带领贫困群众脱贫致富的经济能人。

第三节　自我发展内生动力不足

龙岗村贫困户的贫困往往是多重原因叠加的，一方面村民收入渠道狭窄，另一方面贫困户致贫因素主要有缺资金、因病、因学、缺劳动力四类，致贫因素相互交织，稳定脱贫的基础脆弱。同时，已脱贫人口抗风险能力弱，返贫现象仍较突出。贫困户中的特困户、大病返贫户、残疾户、孤寡老人户，对他们还缺乏因户制宜的扶持办法，受客观条件制约，这些贫困户心有余而力不足，大多只能依靠低保兜底，一旦缺少单一的保障机制，脱贫后很快就会陷入再度贫困。

多数贫困户能力弱，缺劳动力、缺技术，没有增收的产业项目和致富门路，贫困户整体素质低，参训积极性不高，难以掌握技能；人穷最怕志短，扶贫必先扶志，长期的"输血扶贫"让贫困群众依旧以"等、靠、要"为主。调研过程发现，不少贫困户家中无人有重大疾病，也不缺有效劳动力，但是他们安于现状，不积极参加劳动，只寄希望于政府的扶贫补贴，不配合政府的产业扶贫政策，甚至将补贴用于玩乐。自我主动性不足及承担经济损失的风险能力不足，"造血脱贫"仍需多措并举。

第四节　财政资金缺口大

一是扶贫资金缺口和资金整合难度大。广西经济发展水平低、自身财力弱，人均公共财政预算收入和人均公共财政预算支出仅为 2450 元和 5966 元，只有全国平均水平的 48.2% 和 67.6%。易地扶贫搬迁前期工作经费及征地费用缺口较大，根据国家"十三五"规划，这部分资金主要由地方政府自筹及整合其他资金解决，从目前来看，马山县本级财政资金困难，又不允许举债，资金缺口较大。大石山区新建砂石路地处傍山临崖，路基相对狭窄，宽度、弯道、纵坡、安全防护难以满足屯级道路技术标准，财政预算补助不足。原先所建家庭水柜老旧渗漏，没有封盖，水质安全难以达标，维修或重建难度大。一些项目需要配套资金，县级财政筹措困难，所需资金缺口巨大。

二是财政资金效率问题。财政资金直接投入方式带有显著的救济性色彩，客观上会造成贫困户把贫困作为一种福利和资源，幻想着不劳而获，其结果是贫困农户缺乏自我脱贫、自我发展的能力。

第七章

扶贫工作应注意的几个问题及对策建议

第一节　未来扶贫工作中应注意的几个问题

　　一是从思想上树立正确的扶贫认识。"地方贫困，观念不能'贫困'，当务之急是我们的党员、我们的干部、我们的群众都要来一个思想解放、观念更新""注重扶贫同扶志、扶智相结合"。[①] 有些党员干部对脱贫攻坚战认识不够，没有认识到脱贫攻坚战是一项长期的、艰巨的任务，特别是精准扶贫的深入

---

　　① 习近平:《摆脱贫困》，福建人民出版社，2014，第77页;《脱贫攻坚战冲锋号已经吹响全党全国咬定目标苦干实干》，《人民日报》2015年11月29日。

推进，致贫原因越发复杂，脱贫难度越来越大。一些部门、单位参与扶贫的意识仍然停留在简单给钱给物的阶段，参与的形式比较单一，但实际上很多脱贫不是简单的发些实物、生产资料就可以解决的，即使短期内实物的发放可以暂时使贫困户脱贫，但是光靠政府、企业的"输血"，而没有自身的"造血"功能，这种扶贫手段是有问题的，很快就会导致贫困户返贫，甚至给贫困户造成一种不劳而获的错觉。党员干部在产业扶贫中要纠正为贫困户平均分发种苗、化肥等简单操作现象。脱贫攻坚一线部分党员存在工作视野不宽、带富能力不强、工作活力不足、作用发挥不明显的问题。要高度重视精准扶贫工作，在精准扶贫工作中大力发展特色扶贫产业，对贫困户的脱贫工作要"授人以渔"，增强贫困户的"造血"能力；同时，用行政手段"短平快"地推行产业扶贫项目在短期内就能显现成效、完成任务并获得政绩，但如何将扶贫与市场需求对接，需要政府从思想上转变扶贫认识。

二是扶贫要注重实事求是的原则。在扶贫工作中，扶贫干部"进村入户"后得不到农户的响应，反而遭到极力反对；有些扶贫开发政策出台顺利，却背离了实际，最终无法"落地"，无法发挥预期效应；有些专款专用于扶贫产业发展的贷款缺乏实践运用的手段，到了有些农民手里，最终变成了或买车的钱或为子女还房贷的钱或归还陈年旧账的钱，等等。反思这些问题的症结，既有忽视了农民的先天自身素质不高，进而揠苗助长的原因，也有政府一厢情愿、大包大揽的原因，但归结为一点即是脱离实际，违背实事求是原则。因此，对贫困户进行摸底，要做到扶真贫。要按标准划定贫困户和脱贫户，将优惠和倾斜政策准确实施在贫困户上，不浪费扶贫资源，不乱用扶贫资金，真正帮扶到位。

三是建立贫困对象的动态管理机制。查缺补漏，要把符合条件的贫困人口及时纳入帮扶范围。对建档立卡贫困户进行跟踪，实时了解扶贫帮扶的资金、技术及其他方面到位情况，做好脱贫人口和新增贫困人口的清退和接纳工作，及时更新贫困人口数据信息，防止占位和插队，提高建档立卡数据的真实性、准确性。

掌握好工作中的流程标准原则，做到统一标准、统一步骤、统一流程，进一步提高识别精准度。按照南宁市贫困人口动态调整工作部署，及时调整制定工作方案，规范各类报表，按照重点对象摸底排查、入户识别、村民小组评议公示、行政村评议、乡镇审核、县级审定等程序开展动态管理各项工作。审核确定全县"应纳尽纳"新增贫困人口。

四是防止贫困代际传递。贫困人口重大疾病患者和长期慢性病患者医疗负担还比较重。以农村医疗为例，目前大病保险起付线为7000元，对于贫困户来说偏高，慢性病门诊报销封顶线为5000元，对于贫困户来说偏低。例如我们调研的一户贫困户，突发了某种疾病，治疗费用就花了近7万元，虽然农保＋大病救助报销了近一半，但是由于很多药品是不属于医疗报销范围的且受起付线和最高报销额度限制，自费部分仍旧让其很难在短时间内脱贫。而借的外债，就要"子子孙孙无穷匮也"地还下去，导致贫困代际传递。

五是发展的可持续性。①生产的可持续。产业扶贫是精准扶贫一个重要的组成部分，产业扶贫是指以市场为导向，围绕经济效益这一中心，通过资源式产业开发为杠杆途径的扶贫开发过程，其功能是促进贫困地区发展、增加贫困农户收入的有效途径，是扶贫开发的战略重点和任务。产业扶贫对于改进欠发达区域的"久扶不脱贫"困境有着非常显著的效果。2016年，自治区投入扶贫产业开发的财政金融资金超过160亿元，林下养殖、水果种植、乡村旅游等一批"短平快"增收项目在各地开花结果，在初期确实给贫困地区群众带来实实在在的实惠，但随着扶贫资金的减少和扶贫力度的弱化这种"短平快"项目的可持续性要引起注意。又如，2018 年在第一书记带领下建立的"扶贫车间"，初始短短一个多月，车间工作人数从十几人发展到了上百人。但受中美贸易摩擦影响，手工厂商接到国外的订单越来越少，不久车间被迫停产。后经第一书记努力，通过反复论证和沟通，航空耳机项目落地车间，但习惯做粗活的村民，不适应精细的耳机制作工作，又觉得一天赚的钱太少，所以慢慢失去了信心，原本挤满人的车间日益变得沉寂和空旷。为了把劳动力吸引回来，陆治江和村委想出了三个办法：一是发补贴，让每位到车间上班的村民有 20 元的保底收入；二是免费提供午餐，让村民中午安心在车间上班；三是发挥党员引领作用，党员入户做大家的思想工作，让大家继续坚持下来。不久，村民们陆陆续续回到车间参加生产，人数又日渐增加。① 该扶贫效果是立竿见影的，但是这种等待式、依靠外部能人（第一书记）带动的扶贫模式，如果第一书记派驻工作结束，车间运行该何去何从，也值得

① http://www.nnlz.gov.cn/gzdt/pzgz/t3382466.html.

反思，特别是现阶段产业扶贫多以项目制的方式进行运作，一旦项目完成或者优惠政策红利释放完毕，扶贫产业可持续性就显得尤为重要。②生活的可持续。扶贫普遍存在这样的共识：只有走出农村，才能摆脱贫困，才能"出人头地"。"走出去"固然是一种积极的选择，却带来更多留守儿童和留守老人的问题，以致不断加剧"空心村"现象带来的种种问题。易地扶贫搬迁后续配套问题。国家、自治区强调重视易地扶贫搬迁后续配套产业问题，马山县产业发展相对滞后，特别是在搬迁时间紧、任务重的情况下制定规划设计方案时，就如何在安置点配套有带动作用的相关产业，没有进行深入论证，安置点的产业规划相对滞后。因此要预防农户易地返贫和与当地老住户在相处、交往等方面出现的"水土不服情况"，不能影响群众正常的生产生活和社会稳定。

第二节　对策建议

脱贫攻坚本来就是一场硬仗，深度贫困地区脱贫攻坚更是这场硬仗中的硬仗，必须给予更加集中的支持，采取更加有效的举措，开展更加有力的工作。[①]
广西大石山区精准扶贫工作要全面贯彻落实习近平总书记在解决"两不愁、三保障"突出问题座谈会上的重要讲话精神，把"两不愁、三保障"作为广西打赢脱贫攻坚战的底线任务和标志性指标，在切实做到贫困群众不愁吃、不愁穿的基础上，以加快贫困群众增收脱贫步伐为目标，牢牢抓紧精准扶贫到户的基本策略，重点落实产业扶贫、教育扶贫，抓住各大扶贫工程的重点难点，细化举措，落实到人，确保各部署任务精准完成，促进脱贫攻坚任务如期完成，从而推进整村脱贫。

一　提高财政资金使用效率

一是加大对深度贫困县财政资金的转移力度。贫困地区财政收入增长的幅度和额度都很小，按要求增列专项扶贫预算对完成脱贫任务是"杯水车薪"，建议给予贫困县财政"松绑"，取消贫困县财政对扶贫投入增长限定性要求，加大中央与发达地区对贫困县

---

① 2017年6月，习近平在深度贫困地区脱贫攻坚座谈会上的讲话。

脱贫与发展的投入。从破解建设资金、产业发展和农村劳动力整体素质三个难题入手，加大对贫困地区基础设施和产业发展的扶持力度，加强对农村贫困人口的培训力度，促进农村贫困劳动力转移。提高国家危房改造户均补助标准，针对特别贫困户和建档立卡危改户，主体工程全部由财政资金支持。对无能力建房的特别贫困户执行财政兜底制度，必要时执行代建制。

二是注重财政资金的绩效管理。将深度贫困地区用于支持脱贫攻坚项目的各类财政资金全部纳入绩效管理范围，量化绩效指标，重点考核脱贫质量和减贫效果。

三是要强化扶贫资金动态监管体系建设。建立以财政、审计和社会公众监督的双主体机制，要严格落实项目公示公告制度；建立包括所有涉及"两不愁、三保障"脱贫目标的扶贫资金和项目在内的总台账，及时发现资金使用不精准等高发违规问题，确保扶贫资金运行的高效安全，确保每一笔款项的来龙去脉都能受到严格监督，提高扶贫精准度和扶贫资金使用效率。

二 进一步完善和细化相关产业扶贫政策

一是建立完善县、乡、村脱贫攻坚项目库。充分利用每个贫困村 100 万元的财政扶贫资金和全区村级集体经济发展项目试点县资金，发挥贫困地区资源禀赋，以市场为导向，以发展特色种养业和乡村旅游业为重点，列出项目清单，大力发展特色种养业，延长贫困村产业链，增加收入。

二是加大对有发展条件和劳动能力的贫困户产业扶持力度，发展 1 个以上脱贫致富主导产业，培育农民专业合作组织 1~2 家，培养一批种养大户或经济能人，中长短产业结合，力求贫困户稳定脱贫和可持续性发展。同时落实产业奖补政策，加大产业奖补力度，让更多的贫困户受益。

三是创新产业扶贫模式。采取"合作社（龙头企业或经济能人）+ 基地 + 贫困户"等模式，对有劳动能力但自主经营相对困难的贫困户，采取由农民专业合作社带动，将扶贫资金作为股份，通过代养、土地流转、务工、入股分红、合作经营等方式参与，以获得持久稳定收入。

四是大力发展村集体经济。未来龙岗村仍要以发展村集体经济为导向，坚定"三种三养一车间"产业超市发展思路，带动贫困村民参与产业发展，实现脱贫致富目标。实现资本到户、权益到户，并按一定比例对合作社及其成员进行奖补。依托财政专项扶贫资金和其他涉农资金投入设施农业形成的资产，折股量化给贫困户，由村集体、合作社或其他经营主体统一经营，贫困户从中获得效益。

五是发挥金融的扶贫作用。发挥扶贫资金的杠杆撬动作用有效融合扶贫资金、社会资金，由经济实体以企业化的方式进行运作，贫困群众参与经营，获得劳务收入和收益分红。鼓励贫困户参与生产经营监督，享受 60% 的经营收益；实施政策性农业保险，发动贫困户购买农业保障，增强产业发展抗风险能力；着力帮助贫困户参与到专业合作社中，引导利用好贫困户小额贷款金融优惠政策。

三　全力推进基础设施建设

要深入关切群众反映强烈的道路及饮水工程建设问题，根据群众的实际需要，合理安排好村屯道路及饮水工程的修建和维护工作，切实提高群众的获得感和满意度。继续完善基础设施建设，抓好公共服务设施建设，精准实施水、电、路等农村基础设施建设，确保脱贫村道路硬化率、饮水安全达标率、安全用电率、网络通达率等指标全部达到脱贫摘帽要求。加强项目资金管理，加强财政资金使用监管，加强对项目的审计监督，由事后审计转变为事前的把关审核，力争各类项目按照"路线图""进度表"完成投资计划。

四　激发内生发展动力

贫困地区发展要靠内生动力，如果凭空救济出一个新村，简单改变村容村貌，内在活力不行，劳动力不能回流，没有经济上的持续来源，这个地方下一步发展还是有问题。①

一是要转变扶贫工作思维，让贫困户被动接受扶贫转为主动式参与式扶贫。简单说就是让贫困民众全程参与的扶贫，参与到扶贫项目的设计、规划、实施、监管和验收中，凝聚贫困群众的力量和智慧，真正做到量身定制符合群众意愿的扶贫，确保实施的所有项目都能经得起反复检验。

二是多渠道、多形式广泛宣传扶贫政策，形成全社会关注扶贫、关爱贫困群众、参与脱贫攻坚的强大

① 《习近平李克强张德江俞正声刘云山王岐山张高丽分别参加全国人大会议一些代表团审议》，《人民日报》2016年3月9日。

合力，为脱贫攻坚战全面胜利营造良好的舆论氛围。一方面引导农民群众在精准扶贫工作中发挥主体作用，通过组织结对帮扶干部入户宣传，把扶贫政策讲准讲透，让贫困户全面了解精准扶贫的目的和内容，了解扶贫原则即"实行先干先支持，后干缓支持，不干不支持"，从而自觉支持、配合脱贫攻坚工作。另一方面，深入发动和鼓励民营企业、经济能人和专业合作团体等社会力量参与脱贫攻坚工作，汇聚精准扶贫合力，集中力量打赢扶贫开发攻坚战。

三是重视人才建设。实行更加积极、更加开放、更加有效的人才政策，激发人才活力，增强乡村对人才的吸引力、向心力、凝聚力。支持农民工等返乡下乡人员创新创业，组建创新创业团队。设立奖励机制，鼓励人才创新发展。推动创业担保贷款政策提质增效，将农村自主创业青年纳入政策范围，降低或免除反担保，开展"社保贷"信用贷款试点。加大创业培训力度，力争5年内使有创业要求和培训愿望、具备一定创业条件或已创业的农民工至少参加一次培训，全面提升农民创业能力。做好人才生活保障，解决好其住房及配偶、子女安置工作。

五 全面推进社会公共服务

将无业可扶、无力脱贫的人口纳入农村最低生活保障范围，实行政策性保障兜底。要及时调整农村低保对象，推进农村低保与扶贫"两制合一"，把建档立卡户中符合低保条件的全部纳入低保，提高贫困人口农村低保的覆盖率。要防止贫困的代际传递。

一是完善医疗救助，切实解决贫困地区看病难问题。加强医疗保障能力建设，逐步解决因病致贫、因病返贫问题。开展专项调查摸清底子。对建档立卡农村贫困人口开展"因病致贫，因病返贫"专项调查，核准"因病致贫、因病返贫"家庭数、患病人数和患病病种，对患有重病的，全部纳入医疗救助范围。贫困人口重大疾病患者和长期慢性病患者医疗负担还比较重。目前大病保险起付线为7000元，对于贫困户来说偏高，慢性病门诊报销封顶线为5000元，对于贫困户来说偏低。要提高贫困人口大病保险支付比例，降低起付线，使贫困人口医药费支出获得更高的补偿率，建议达80%以上，同时提高贫困人口慢性病门诊报销封顶线。一降一提，让出生存空间。

二是全面开展重特大疾病救助，提高基本医疗和公共卫生服务水平。全面落实新农合补助政策，提高贫困人口住院、特殊病种门诊报销比例。认真贯彻上级关于落实精准扶贫新农合倾斜政策的有关要求，调整提高参合贫困人员住院（含重大疾病）、特殊病种门诊报销比例，相应提高各段报销比例；改善贫困地区医疗条件。实行贫困人口医疗卫生签约服务，加强医疗卫生人才队伍建设，开展县乡医疗服务一体化管理改革工作，建立以"县级医疗机构为龙头，乡镇卫生院为枢纽，村卫生室为基础"的县、乡、村医疗服务一体化发展机制。有效解决群众"看病难、看病贵"的问题，真正实现"小病不出乡，大病不出县"的医改目标。

三是实施社保兜底。进一步加强低保对象与建档立卡贫困人口信息核对，实行动态调整，确保对象精准；农村低保对象与扶贫建档立卡对象重合率不低于95%，农村低保对象扶贫贡献率不低于50%。继续开展社会救助工作，加大对困难残疾人的帮扶力度，多形式帮助贫困残疾学生和残疾人家庭子女完成学业。对于符合条件的因病致贫、因病返贫人口，应全部纳入农村最低生活保障和医疗救助范围给予兜底保障，实现贫困人口参加城乡居民基本医疗保险制度全覆盖。

四是实施教育扶贫。抓好学校基础设施建设，推进教育教学均衡发展，提高贫困村教育发展整体水平；精准实施学生学业帮扶计划，确保建档立卡贫困户子女应助尽助，加大防辍劝返工作力度，帮助贫困家庭解决实际困难；继续加强学生资助和就业扶持，落实好建档立卡贫困户家庭学生资助政策，实施农村贫困家庭高校毕业生精准就业帮扶行动，加强建档立卡毕业生的就业指导和服务，组织开展以贫困家庭学生结对帮扶为重点的暑期"三下乡"社会实践活动。未来工作重点应该是在改善贫困村村办学校条件上下功夫，教育项目建设、教学设备添置优先考虑贫困山区，特别是像龙岗村一类的大石山区。新招聘的中小学教师应该优先安排到缺编的贫困村学校。落实学生资助工作。实施学前教育免保教费项目、义务教育阶段家庭经济困难寄宿生补助项目、家庭紧急困难学生资助项目、高中免学杂费项目、高中助学金项目、大学新生资助项目、生源地信用助学贷款项目，落实对建档立卡贫困户子女从学前教育到大学教育的资助政策，推动教育扶贫全覆盖。积极筹措社会捐助资金，多渠道对贫困户学生子女进行帮扶。

五是加大对留守儿童的关爱力度。组织教职工与留守儿童建立结对帮扶关系，对留守儿童在学习上悉心辅导，在生活上热心照顾，在心理上耐心疏导。

六是提高国家危房改造户均补助标准，针对特别贫困户和建档立卡危改户，主体工程全部由财政资金支持。对无能力建房的特别贫困户执行财政兜底制度，必要时执行代建制。

六　推动粤桂扶贫协作任务落地落实

加强与广东省茂名市电白区开展结对扶贫协作，充分依靠茂名市电白区发达地区、先进企业、成熟产业的优势助推马山县脱贫攻坚工作，想方设法开展产业合作、组织劳务协作、加强人才支援、加大资金支持、动员社会参与，重点要在以下几方面取得新的突破。

一要提高人口素质，加强劳务输出。全面推进贫困人口培训计划，提升贫困人口整体素质和劳动技能，提高创业和转移就业的针对性和成功率。继续深化"两广"对口帮扶职业教育，不断提高职业教育的针对性和实用性，全面提升贫困人口就业能力和整体素质，加强劳务输出，提高家庭经济收入，促进贫困户脱贫致富。二要加快发展扶贫产业。要通过招商引资，引进更多有实力的企业进驻，培育龙头企业，带动产业扶贫；鼓励企业扩大优势特色农产品加工规模，带动基地建设；畅通和扩大农民专业合作社销售渠道，支持农民合作社发展农业经纪人，发挥中介作用，帮助合作社、企业寻找商机、降低成本、提高效益，拓宽村集体经济增收渠道，实现贫困户稳定增收。三要积极争取资金支持。多渠道、多方位展示自力更生、艰苦奋斗脱贫的精神面貌，展示贫困现状和脱贫艰巨性，全力补齐以道路、住房、饮水为重点内容的基础设施短板，确保打赢脱贫攻坚战。

七　健全帮扶工作机制

通过例会制度、微信平台、工作提醒、定期通报等方式，建立与帮扶干部长期有效对接机制，充分运用"互联网＋"技术建立扶贫大数据库，全面收集、掌握、整理本村扶贫精确数据，确保数据统一、有效、便于查询使用。

就业帮扶。继续推进贫困劳动力转移就业招聘活动，挖掘更多适合贫困劳动力的创业项目，帮助更多的贫困劳动力转移就业。开展职业培训扶贫，加强乡土人才再培训。通过对农村乡土人才的市场营销、经济知识的培训学习，解决农产品销售问题，提高种养殖科技含量和农副产品的附加值；鼓励一些具有经济实力的乡土经纪人进行农副产品购销。加大就业网络建设，为贫困劳动力及用工企业搭建供需平台，促进贫困劳动力转移就业。

结对帮扶。充分挖掘利用社会力量，充分发挥驻村工作队、帮扶单位、帮扶责任人和第一书记等力量，在保障群众主体地位的基础上，对贫困户进行贫困分析并制定帮扶措施和规划，细化帮扶措施，建立针对性强的帮扶体系。在建立贫困户动态账户信息库的条件下，完善"一户一策"订单式的帮扶制度和管理办法。

八 抓好基层组织建设

农村扶贫工作尤其要注重发挥基层党组织的作用。不断强化党员先锋带动作用，把党旗插在脱贫攻坚产业和村集体经济发展的阵地上。党员以身作则、模范带头、主动引领，要深入一线、深入农户，传授种养殖技术，跟踪产业项目，及时解决贫困户遇到的难题，为贫困户产业发展、项目实施等保驾护航。

一是抓好基层组织建设。坚持党建引领，加强基层党组织建设，通过"当、做、亮、建"等形式宣讲党的大政方针，宣传扶贫政策；让党徽持续闪耀、让党旗永远飘扬。选举优秀外出经商务工返乡人员和一批优秀党员、乡土人才进入村"两委"班子，进一步提升基层组织战斗堡垒作用。落实关于增加村级干部、村委监督委员会成员、屯级小组长、屯级党支部书记的相关待遇。

二是加强党员干部培训工作。组织党员干部参加区、市和县本级有关调训培训工作，并组织部分干部前往脱贫工作开展好的地区学习考察，进一步提高党员干部"双带"能力。

三是强化帮扶干部管理。落实派驻第一书记常驻机制，让村扶贫产业能够健康持续发展。落实考勤制度、请销假制度、督查通报制度等，推动第一书记、工作队员驻村开展工作。

四是强化后盾单位帮扶和社会力量参与精准脱贫。探索建立健全社会组织参与扶贫开发的协调服务机制，主动对接后盾单位，积极引导社会力量参与脱贫攻坚。

五是继续加大对贫困地区人才的扶持培养。受制于经济社会发展状况，贫困县对优秀人才缺乏吸引力，在培养人才、引进人才和留住人才等方面困难重重。建议国家继续加大对贫困县领导干部的培训力度，提升现有人员素质；进一步完善贫困地区人才引进激励机制，通过提高待遇和津补贴、优先提拔使用等激励手段，鼓励优秀人才到贫困地区服务，让优秀人才真正引得来、留得住。

以党建引领扶贫全局，创新脱贫思路及方法，优化产业结构、拓宽收入渠道、加强产业扶持，抓好扶贫与扶志、扶智相结合的脱贫攻坚工作。与此同时，紧紧围绕"两不愁、三保障""十一有一低于"脱贫指标突出问题，摸清底数、找准短板，用大力气，下真功夫，认真履行主体责任，咬定脱贫摘帽目标，坚决不留死角地消除贫困、改善民生。

附 录

附表　龙岗村以奖代补明细（截至2017年）

序号	屯名	户主姓名	种养项目	规模（亩、头、只、羽）	奖补标准（元）	奖补金额（元）	本户奖补总金额（元）
1	上那屯	蓝庆球	黑山羊	7	500	3500	3500
2	上那屯	曾少民	鸡	67	10	670	670
3	黑垌屯	蓝文康	牛	3	800	2400	5000
4	黑垌屯	蓝文康	黑山羊	40	500	2600	
5	群二屯	吴秀东	牛	2	800	1600	3100
6	群二屯	吴秀东	肉猪	5	300	1500	
7	群二屯	蓝萍意	柑橘	1.5	1000	1500	1500
8	龙来屯	班德荣	牛	5	800	4000	4000
9	甘崩屯	李海权	母猪	1	800	800	3730
10	甘崩屯	李海权	肉猪	8	300	2400	
11	甘崩屯	李海权	鸡	53	10	530	
12	上那屯	曾庆芬	肉猪	5	300	1500	1500
13	排献屯	陆国桂	牛	5	800	4000	5000
14	排献屯	陆国桂	鸡	100	10	1000	
15	岑垌屯	蓝海荣	肉猪	40	300	5000	5000
16	甘崩屯	李海腾	黑山羊	11	500	5000	5000
17	上那屯	曾彩建	肉猪	5	300	1500	2000
18	上那屯	曾彩建	鸡	50	10	500	
19	拉友屯	班启正	母猪	1	800	800	5000
20	拉友屯	班启正	肉猪	9	300	2700	
21	拉友屯	班启正	牛	2	800	1500	
22	拉湾屯	刘克敏	鸡	64	10	640	2140
23	拉湾屯	刘克敏	猪	5	300	1500	
24	岑垌屯	韦佳康	黄牛	4	800	3200	3200
25	拉朝屯	黄德勇	肉猪	6	300	1800	1800
26	岑垌屯	韦景录	肉猪	5	300	1500	1500
27	下元屯	梁天世	肉猪	12	300	3600	4400
28	下元屯	梁天世	母猪	1	800	800	
29	古龙屯	蓝海建	母猪	9	800	5000	5000
30	古龙屯	蓝永权	肉猪	9	300	2700	2700

序号	屯名	户主姓名	种养项目	规模（亩、头、只、羽）	奖补标准（元）	奖补金额（元）	本户奖补总金额（元）
31	排后屯	曾绍军	肉猪	17	300	5000	5000
32	排后屯	蓝天	鸡	50	10	500	500
33	排后屯	曾光辉	肉猪	7	300	2100	2100
34	排后屯	刘英	鸡	60	10	600	600
35	琴升屯	韦景奉	桑苗	4.5	2000	5000	5000
36	龙来屯	潘泽丰	肉猪	55	300	5000	5000
37	上那屯	曾许	辣椒	1	600	600	600
38	排后屯	刘秀春	鸡	60	10	600	600
39	拉麻屯	黄志录	母猪	2	800	1600	5000
40	拉麻屯	黄志录	肉猪	11	300	3300	
41	拉麻屯	黄志录	鸡	110	10	100	
42	拉麻屯	黄彩艳	母猪	1	800	800	2800
43	拉麻屯	黄彩艳	肉猪	5	300	1500	
44	拉麻屯	黄彩艳	鸡	50	10	500	
45	江旁屯	凡乐平	鸡	53	10	530	530
46	拉湾屯	石建陈	鸡	55	10	550	550
47	拉友屯	王龙周	肉猪	6	300	1800	1800
48	拉友屯	王曾明	肉猪	25	300	5000	5000
49	排里屯	蓝彩花	母猪	1	800	800	800
50	拉刮屯	黄凡松	母猪	7	800	5000	5000
51	排献屯	李绍业	羊	15	500	5000	5000
52	岑峒屯	蓝常志	肉猪	4	300	1200	5000
53	岑峒屯	蓝常志	柑橘	4	1200	3800	
54	岑朝屯	黄汉青	肉猪	5	300	1500	1500
55	排里屯	韦飞朋	牛	2	800	1600	1600
56	群一屯	蓝江飞	牛	8	800	5000	5000
57	排献屯	李绍武	鸡	70	10	700	700
58	拉友屯	潘泽华	柑橘	3	1200	3600	3600
59	拉刮屯	陆振勇	牛	3	800	2400	5000
60	拉刮屯	陆振勇	羊	6	500	2600	

注：根据《马山县人民政府关于印发马山县推动扶贫产业发展奖补暂行办法的通知》，建档立卡在册贫困户、跟踪扶持的脱贫户在马山县内发展养殖业达到本办法规定的规模、标准和要求且验收合格的，才能按照标准予以奖补到户。

参考文献

广西财政厅课题组:《广西深度贫困地区财政支持政策研究》,《经济研究参考》2018 年第 65 期。

广西容县财政局课题组:《提高广西精准扶贫、精准脱贫成效的财政对策研究》,《经济研究参考》2017 年第 5 期。

国家发展改革委体管所社会调查课题组、胡杰成、赵春飞:《精准扶贫何以精准——广西脱贫攻坚推进情况调研》,《中国经贸导刊》2017 年第 18 期。

韩金秦:《让扶贫从"输血"变"造血"》,《当代广西》2014 年第 16 期。

何辛幸:《创新机制 精准扶贫 加快脱贫致富步伐——学习习近平总书记广西代表团审议时重要讲话精神的思考》,《中国经贸导刊》2015 年第 13 期。

李熙:《提升一线扶贫干部担使命抓落实的能力》,《云南日报》2019 年 11 月 11 日。

梁晨:《产业扶贫项目的运作机制与地方政府的角色》,

《北京工业大学学报》（社会科学版）2015 年第 5 期。

廖家源、梁紫怡、廖雪帆、蓝琳钰、纪梦雪：《民族地区"空心村"治理研究——以马山县加方乡为例》，《管理观察》2019 年第 7 期。

鹿心社：《精准脱贫调研手记》，《当代广西》2019 年第 9 期。

牛胜强：《乡村振兴背景下深度贫困地区产业扶贫困境及发展思路》，《理论月刊》2019 年第 10 期。

庞岩：《乡村振兴背景下广西产业扶贫问题与对策研究》，广西大学硕士学位论文，2018。

四川西部民生研究院课题组：《中国西部地区农村扶贫成效及问题研究》，《管理观察》2018 年第 30 期。

孙久文、李星：《攻坚深度贫困与 2020 年后扶贫战略研究》，《中州学刊》2019 年第 9 期。

陶建群、刘让兴、刘芋艺、孙易恒：《深度贫困县的扶贫攻坚之道——广西东兰"真扶贫、扶真贫、真脱贫"的探索与实践》，《人民论坛》2017 年第 27 期。

汪三贵、郭子豪：《论中国的精准扶贫》，《贵州社会科学》2015 年第 5 期。

王艺：《农村空心化视阈下广西精准扶贫研究》，《柳州职业技术学院学报》2016 年第 5 期。

王志凌、邹林杰:《国家级贫困县"精准"扶贫效率评价——以广西 27 个县为例》,《贵州大学学报》(社会科学版) 2016 年第 4 期。

吴本健、罗玲、王蕾:《深度贫困民族地区的教育扶贫:机理与路径》,《西北民族研究》2019 年第 3 期。

吴丹丹:《健全精准帮扶工作机制 打好脱贫攻坚战》,《广西经济》2016 年第 9 期。

习近平:《在深度贫困地区脱贫攻坚座谈会上的讲话》,《人民日报》2017 年 9 月 1 日。

肖立新:《广西深度贫困地区脱贫产业发展困局的破解路径》,《改革与战略》2019 年第 6 期。

徐翔、刘尔思:《产业扶贫融资模式创新研究》,《经济纵横》2011 年第 7 期。

杨盛:《马山县龙岗村第一书记陆治江:实干攻坚深入基层 用心用情奋力扶贫》,《南宁日报》2019 年 10 月 30 日。

余金梅:《试论精准扶贫如何才能"识真贫,扶真贫,真扶贫"——以广西壮族自治区浦北县为例》,《兰州教育学院学报》2016 年第 6 期。

张岩:《我国精准扶贫政策的困境及对策研究》,广西大学硕士学位论文,2016。

后　记

　　当前，我国脱贫攻坚进入了攻城拔寨、决战决胜的关键阶段。"打赢冲刺阶段脱贫攻坚战"已转战先天发展条件艰苦和恶劣的地区。龙岗村既是革命老区，又是少数民族集中居住地区，同时也是典型的大石山区、深度贫困地区，自然环境恶劣，生存条件艰苦，其脱贫道路的探索，对其他发展条件艰苦的地区具有重要的参考价值。

　　2017年5月课题组赴龙岗村开展调研，通过入户问卷、走访和与村民访谈、驻村书记座谈、基层干部座谈，课题组切身地体会到了大石山区贫困程度深、致贫原因多、贫困面广，以及脱贫攻坚任务之重。2015年底龙岗村贫困发生率高达44.25%，在两任驻村第一书记的带领下，龙岗村从救济式扶贫转变为开发式扶贫，制定了"三种三养一车间"的"产业超市"发展思路，创造性地将"扶贫、扶志、扶智"

相融合，打造了全国首个集"扶贫车间、扶志超市、扶智课堂"于一体的"三扶"综合中心，形成了以就业增收、奖励先进、宣传引导、技能培训及电商服务等为主要功能的一站式扶贫工作模式，有效地激发了贫困群众的积极性和主动性，增强了脱贫致富的内生动力，成为脱贫致富的有力引擎，脱贫效果十分显著，这为其他深度贫困地区、自然资源匮乏地区脱贫提供了一种思路。

在 2018 年底完成初稿后，为了更好地了解扶贫举措的效果，我们于 2019 年对一些扶贫项目进行了资料追踪，尽可能将书中数据更新。

本书的完成，要感谢马山县党委、马山县人民政府对课题组调研给予的大力支持和帮助，尤其要衷心感谢两任龙岗村驻村第一书记蓝勇平同志、陆治江同志在调研和本书写作过程中提供的鼎力帮助。

龙岗村的脱贫攻坚任务是在艰辛中稳步推进完成的，但限于个人能力，书中还存在不足，敬请读者谅解。

马翠萍

2020 年 5 月

图书在版编目（CIP）数据

精准扶贫精准脱贫百村调研. 龙岗村卷："产业超市"模式下的大石山区扶贫实践 / 马翠萍著. -- 北京：社会科学文献出版社, 2020.10
　　ISBN 978-7-5201-7524-1

　　Ⅰ.①精… Ⅱ.①马… Ⅲ.①农村-扶贫-调查报告-邕宁区 Ⅳ.①F323.8

中国版本图书馆CIP数据核字（2020）第209279号

·精准扶贫精准脱贫百村调研丛书·
精准扶贫精准脱贫百村调研·龙岗村卷
——"产业超市"模式下的大石山区扶贫实践

著　　者 / 马翠萍

出 版 人 / 谢寿光
组稿编辑 / 邓泳红
责任编辑 / 张　超

出　　版 / 社会科学文献出版社·皮书出版分社（010）59367127
　　　　　　地址：北京市北三环中路甲29号院华龙大厦　邮编：100029
　　　　　　网址：www.ssap.com.cn
发　　行 / 市场营销中心（010）59367081　59367083
印　　装 / 三河市尚艺印装有限公司

规　　格 / 开　本：787mm×1092mm 1/16
　　　　　　印　张：11.25　字　数：83千字
版　　次 / 2020年10月第1版　2020年10月第1次印刷
书　　号 / ISBN 978-7-5201-7524-1
定　　价 / 59.00元